Wilhelm Langenbeck

Geschichte der Reformation des Stiftes Halberstadt

Wilhelm Langenbeck

Geschichte der Reformation des Stiftes Halberstadt

ISBN/EAN: 9783743662926

Hergestellt in Europa, USA, Kanada, Australien, Japan

Cover: Foto ©ninafisch / pixelio.de

Weitere Bücher finden Sie auf **www.hansebooks.com**

Geschichte der Reformation

des

Stiftes Halberstadt

von

Dr. Wilhelm Langenbeck.

Göttingen.
Vandenhoeck & Ruprecht.
1886.

Vorwort.

Die nachstehende Arbeit sollte ursprünglich nur die Einführung der Reformation durch den Herzog Heinrich Julius in dem Jahre 1591 darstellen. Im Laufe der Vorarbeiten aber wurde es mir klar, dass auf die Entwicklung der religiösen Zustände des Stiftes Halberstadt bis zu jenem Zeitpunkte doch näher eingegangen werden müsse. Hatte ich anfangs geglaubt, dieses in einer möglichst kurzen Einleitung thun zu können, so liess ich diesen Plan fallen, als ich sah, dass weder das gedruckte noch das archivalische Material für diesen Zeitraum zusammenfassend und vollständig bearbeitet sei. Ich habe daher den Versuch gemacht, im Folgenden eine zusammenhängende Reformationsgeschichte des Stiftes Halberstadt zu geben. Freilich bin ich mir wohl bewusst, dass dieselbe besonders in dem ersten Abschnitte noch immer Lücken zeigt und dass dieser in Folge dessen im Verhältnis zu dem zweiten Abschnitt doch immer nur einen gewissen einleitenden Charakter trägt. Dass ich mich im zweiten Abschnitte hin und wieder von dem engeren Thema etwas entfernt habe, wie im ersten Capitel dieses Abschnittes und später bei den Verhandlungen über die Nachfolge im Stift, glaube ich mit dem Interesse, welches diese Verhandlungen bieten, entschuldigen zu können. Nur so konnte auch der innere Zusammenhang und, was mir nicht minder wichtig schien, der Zusammenhang mit der allgemeinen Reichsgeschichte gewahrt werden.

Das gedruckte Material glaube ich in einigermassen erreichbarer Vollständigkeit benutzt zu haben, manche nützliche Notizen verdanke ich in dieser Beziehung Herrn Professor Stieve in München, dem ich auch sonst ebenso wie Herrn Professor v. Kluckhohn in Göttingen Anregung und Förderung zu der nun vollendeten Arbeit danke.

Auch den Beamten der Königlichen Staatsarchive zu Magdeburg und Hannover, vor allem den Vorständen derselben, Herrn Geheimen Archivrat v. Mülverstedt in Magdeburg und Herrn Archivrat Dr. Janicke in Hannover spreche ich an dieser Stelle meinen besten Dank aus für ihre in jeder Weise freundliche und liebenswürdige Unterstütung meiner archivalischen Forschungen.

Göttingen, im Mai 1886.

Inhalt.

Quellen und Litteratur zur Geschichte der Reformation des Bistums Halberstadt.

A. Quellen.

I. Archivalisches Material.

Für die Darstellung der Geschichte der Reformation des Stiftes Halberstadt wurden Acten der Königlichen Staatsarchive zu Magdeburg und Hannover herangezogen, die fast sämmtlich bislang garnicht oder nur flüchtig benutzt waren. Von dem zweiten Abschnitte der nachfolgenden Arbeit, besonders vom zweiten Capitel desselben an beruht die Darstellung fast allein auf diesem urkundlichen Material; für den ersten Abchnitt und die ersteren Partien des zweiten dagegen bildet jenes meist nur eine Ergänzung der gedruckten Quellen und der heutigen Litteratur.

Vorzugsweise wurden Acten des Königlichen Staatsarchivs zu Magdeburg benutzt und zwar:

1. **Stift und Fürstenthum Halberstadt I 75.** Einige Briefe Herzog's Heinrich Julius an seinen Vater. 15 79/90.

2. **Stift und Fürstenthum Halberstadt II 256.** Verzeichniss, wie es mit etlichen Erzstiftern und Bistümern in Deutschland, bes. in Sachsen beschaffen.

3. **Stift und Fürstenthum Halberstadt II 325.** Capitulationen des Domcapitels mit Bischof Heinrich Julius. 15 60/99.

4. **Stift und Fürstenthum Halberstadt II 838.** Die unter Cardinal Albrecht entstandene Reformation betreffend.

1

5. Stift und Fürstenthum Halberstadt II 843. Erklärung des Domcapitels zu Halberstadt wegen Annahme des Interims und der Reformation der Geistlichen 1549.

6. Stift und Fürstenthum Halberstadt II 844. Instruction des Erzbischofs Sigismund zur Reform der Hohen Geistlichkeit im Stifte. 1557.

7. Stift und Fürstenthnm Halberstadt II 1097. Copiæ Actorum, die Reformation des Stifts Halberstadt betreffend. 1591.

8. Domcapitel Halberstadt Nro. 14. Vorschläge, wie Heinrich Julius die Regierung des Stifts einzurichten.

9. Domcapitel Halberstadt Nro. 15. Acte betr. verschiedene Streitigkeiten des Domcapitels mit Heinrich Julius.

10. Hochstift Halberstadt 632. Haupturkunden die Einführung des evangelischen Gottesdienstes 1591. betr.

11. Hochstift Halberstadt 632 a. Verhandlungen des Bischofs Heinrich Julius mit den Halberstädtischen Stiften über die Einführung des evangelischen Gottesdienstes. 1591.

Diese beiden letzteren Actenfascikel sind für den zweiten Abschnitt von der grössten Wichtigkeit, vom dritten Capitel an beruht die Darstellung hauptsächlich auf ihnen. 632 a enthält Actenstücke von 1591—1602, Nachträge bis 1629 und zwar nicht nur über Religionsangelegenheiten. Meist sind es Copien, Concepte, Auszüge: auch einige Originale sind eingeheftet. Die Paginirung ist mangelhaft und unregelmässig; ich habe nur die beschriebenen Fol. gezählt und citiere danach.

632 ist ein Copialbuch geschrieben von der Hand des Matthias v. Oppen, enthaltend Abschriften und Auszüge über die Reformation zu Halberstadt bis 1592 incl. Es finden sich dort ausser einer Anzahl schon in 632 a enthaltener Actenstücke noch einige wichtige Auszüge aus Protocollen des Domcapitels.

Gegenüber diesem reichen Material traten die Acten des Königlichen Staatsarchivs zu Hannover in den Hintergrund, doch waren sie mir häufig zur Ergänzung von hohem Werte.

Aus dem Königlichen Staatsarchive zu Hannover wurden von mir benutzt: [1])

Stiftssachen Halberstadt. Nro. 111. 113. 115. 117.

Auswärtiges Halberstadt. Nro. 14a.

Calenberg. Briefarchiv. Nro. 20a.

II. Von gedrucktem urkundlichen Material fand sich mancherlei in J. Ch. Lünigs Deutschem Reichsarchiv, vor allem im Spicilegium ecclesiasticum. (Teil 15—21.)

III. Von den Bearbeitungen nehmen den Wert von Quellen in Anspruch:

H. Hamelmann, Historia ecclesiastica renati evangelii per inferiorem Saxoniam et Westphaliam.

Mir lag eine Ausgabe von 1587 vor [2]). Die Darstellung der Halberstädtischen Reformation befindet sich dort fol. 11—22, sie geht bis 1540. Für diese Zeit ist Hamelmann fast einzige Quelle. Der Verfasser [3]), der bekanntlich einen hervorragenden Anteil an der Reformationsgeschichte von Braunschweig hat, ist recht gut unterrichtet [4]), kleine Irrtümer laufen auch bei ihm unter. Im Allgemeinen ist seine Darstellung der Halberstädter Verhältnisse auch frei von Parteifärbung.

---

1) Die Halberstädtischen Acten des Königl. Staatsarchivs zu Hannover befinden sich augenblicklich im Stadium der Neuordnung. Dabei werden voraussichtlich auch die Signaturen einer Änderung unterliegen. Ich gebe trotzdem wenigstens die alten Signaturen.

2) Dieselbe ist noch von Hamelmann selbst ediert und zweifellos editio princeps. Der Druckort ist nicht angegeben. Das von mir benutzte Exemplar der Königlichen Universitätsbibliothek zu Göttingen enthält nur den 2. Theil der Hist. eccl. renat. evangel. Ausser der Halberstädter Reformation behandelt dieser Teil besonders auch noch die von Braunschweig, Hannover, Hamburg, Goslar, Göttingen. u. a.

3) Vgl. über ihn den Aufsatz von Döring in der Allgemeinen Deutschen Biographie. X. S. 474. f.

4) Es liegt kein Grund vor, mit Abel (Sammlung noch nicht gedruckten alten Chroniken S. 406 Anm.) anzunehmen, dass Hamelmann hauptsächlich aus Winnenstedde geschöpft habe, dessen Chronik in diesen Partien sehr viel dürftiger ist.

Abel, Sammlung etlicher noch nicht gedruckten alten Chroniken. Braunschweig 1732. Eine im Allgemeinen wenig kritische deutsche Ausgabe verschiedener für die sächsische Geschichte wichtiger Chroniken. Für unsere Darstellung kommen davon in Betracht:

Nro. II. Chronicon Halberstadense Johannis Winnigstadii. Von Gründung des Bistums bis 1648. Diese Schrift ist für unsere Zeit durchaus als Quelle anzusehen. In der Art alter Chroniken geschrieben, enthält sie Wichtiges in einem Wulst von Unwichtigem. Über die Reformation handelt Winnenstedde nicht so ausführlich wie Hamelmann, doch bietet er manche ergänzende Notizen, vor allen auch über die sittlichen Zustände. Zuzugestehen ist, dass W. durchaus von protestantischem Standpunkte aus schreibt, auch Ungenauigkeiten zeigen sich hin und wieder. Nach Abel geht Winnensteddes eigene Arbeit bis zum Tode des Bischofs Friedrich (1552). Die Fortsetzungen, die wir im Allgemeinen wohl als gleichzeitige ansehen dürfen, bieten für den zweiten Abschnitt Manches zur Ergänzung, doch mehren sich hier auch die Irrtümer. Schätzenswerte Notizen bieten sie für die Schicksale des Stiftes Halberstadt während des dreissigjährigen Krieges, die ausserhalb des Rahmens dieser Arbeit liegen.

Nro. III. Chronicon Quedlinburgense, das Abel gleichfalls Winnenstedde zuschreibt, geht mit Fortsetzungen bis 1600. Für unsere Zeit enthält es nur einige nebensächliche Notizen.

Nro. IV. Chronicon Ascaniense bis 1728. Dasselbe zeigt sich für unsere Zeit stellenweise recht gut unterrichtet, zuweilen hat es allein die richtige Nachricht. Unsicher ist nach der Ausgabe Abels, wie weit es eine zusammenhängende Chronik oder eine Compilation des Herausgebers ist.

G. Nebe, Die Kirchenvisitationen des Bistums Halberstadt 1564. 1589. (Band XII der Geschichtsquellen der Provinz Sachsen.)

Die Einleitung S. 1—28 meist nach Hamelmann und Winnenstedde. Daneben auch einige andere wichtige Notizen nach Acten des Magdeburger Archivs. Als wichtige Quelle sind die Auszüge aus den Visitationsprotokollen zu betrachten.

B. Litteratur.

I. Bearbeitungen des ganzen Gebietes.

Sagittarius, Historia Halberstadensis. Jena 1675. Bietet nur in wenigen Notizen über Hamelmann und Winnenstedde Hinausgehendes.

J. F. Reimmann, Grundriss der Halberstädischen Historie. 1702.

Ein kurzer chronologischer Abriss, der sich jedoch stets auf litterarische Nachweise stützt. Einzelne Angaben über die sittlichen Zustände konnten mit Nutzen verwandt werden.

S. Lentz, Diplomatische Stifts- und Landeshistorie von Halberstadt. Halle 1749.

Eine nach gedruckten Quellen versuchte Zusammenstellung der Bischöfe, Domherrn etc. des Bistums Halberstadt bis zum 15. resp. 17. Jahrh. Für unsere Zwecke im ganzen wertlos. Ein Verzeichnis der Domcapitularen im 16. und 17. Jahrh., das recht brauchbar ist, giebt er nach Lünig.

C. Abel, Stifts- Stadt-und Land-Chronik des jetzigen Fürstenthums Halberstadt. Bernburg 1754.

Eine im Allgemeinen unkritische Compilation aus gedruckten Quellen; für unsere Zeit hauptsächlich aus Hamelmann und den von Abel edierten Chroniken.

K. W. Frantz, Geschichte des Bisthums, nachmaligen Fürstenthums Halberstadt. Halberst. 1853.

Eine durchaus dilettantische, wenig kritische Arbeit, die in einer Compilation aus meist bekannten Quellen besteht. Quellennachweise werden selten gegeben, daher sind auch neue Notizen mit Vorsicht aufzunehmen.

G. W. Schmid, Die secularisirten Bisthümer
Deutschlands. 2. Bde. Gotha 1858.

Eine, wenigstens in Bezug auf Halberstadt, durchaus
wertlose Compilation.

II. Bearbeitungen einzelner Teile der Reformationsgeschichte.

1. Für die Periode 1513—1566.

Leuckfeld, Antiquitates Groeningenses. Quedlinburg 1710.

Zeichnet sich wie die meisten Arbeiten dieses Verfassers durch eine Fülle von Einzelnotizen aus, kritische
Sichtung thut denselben, für die ältere Zeit zumal, allerdings
wohl häufig Not. In den uns angehenden Partien hat er oft,
besonders für die Ausbreitung der evangelischen Lehre auf
dem Lande, den Wert einer Quelle. Hin und wieder wurden
auch andere Arbeiten Leuckfelds zugezogen, seine Antiquitates Halberstadenses (Wolfenbüttel 1714) brechen schon
mit 1122 ab.

Ventzky, Beitrag zur Halberstädischen Reform-
Kirchen- und Schulgeschichte. (In den „Fortgesetzten
nützlichen Anmerkungen zur Theologie". Herausgegeben von
Colerus. Weimar 1737 ff.)

Bietet manche Notizen hinsichtlich der Prediger an den
Kirchen zu Halberstadt und füllt dadurch hin und wieder
Lücken aus. Doch ist er da, wo er controllirbar ist, nicht
immer zuverlässig, so dass auch seine sonstigen Angaben
vorsichtig aufzunehmen sind.

2. Für die Periode 1566—1613.

Bodemann, Die Weihe und Einführung des Herzogs
Heinrich Julius von Braunschweig als Bischof von Halberstadt und die damit verbundenen Streitigkeiten. 1578—80.
(In der Zeitschrift des histor. Vereins für Niedersachsen 1878. S. 239—297.)

Opel, Das Stift Halberstadt unter dem Bischof Heinrich
Julius. (Zeitschrift für preussische Geschichte und
Landeskunde 1869. S. 385—406.)

O p e l. Kämpfe des Protestantismus und Katholicismus
im Stifte Halberstadt 1612—1620. (Z e i t s c h r. f. p r e u s s.
Gesch. u. Landesk. 1870. S. 61 ff.)

III. Von allgemeineren Werken zur Reichsgeschichte wurden in einzelnen Partien zur Darstellung
der Halberstädtischen Reformationsgeschichte oder zur Ver-
knüpfung derselben mit den politischen Verhältnissen des
Reiches herangezogen:

F. D. H ä b e r l i n, Neueste teutsche Reichshistorie. 20 Bde.
Fortgesetzt von S e n k e n b e r g. Bd. 21—28. Halle 1774 ff.
In Band VI—XXIII für den 2. Abschnitt oft benutzt.

H. H e n n e s, Albrecht von Brandenburg. Mainz 1858.
Wurde besonders für die Persönlichkeit und politische Stellung
des Churfürsten herangezogen, wenn das Buch auch nicht
völlig auf der Höhe der Forschung steht.

L o s s e n, Der kölnische Krieg. Bd. I. Vorgeschichte
1561—1581. Gotha 1882.

Auf breitester Basis angelegt, schildert das Werk im
Zusammenhange mit den baierischen Bewerbungen die Zu-
stände und politischen Verhältnisse der niederdeutschen
Stifter sehr eingehend. Für das erste Capitel des zweiten
Abschnittes (Zeit von 1566—78) konnte ich mich daher in
der Darstellung im Wesentlichen auf Lossen stützen.

S t i e v e, Die Politik Bayerns 1591—1607. 2. Bde.
München 1878. 1883. (4. u. 5. Band der Briefe und Acten
zur Geschichte des 30jährigen Krieges). Neben der
Darstellung der politischen und religiösen Verhältnisse des
Reiches in jener Periode, deretwegen das Werk vorzugsweise
benutzt wurde, enthält es mehrfach auch wichtige Detailan-
gaben für die Reformationsgeschichte von Halberstadt.

Kleinere Aufsätze, sowie grössere Werke, vor allem die hier einschlägigen L. v. Ranke's, die nur an einzelnen Punkten zugezogen wurden, werden gelegentlich in der Arbeit selbst angeführt werden.

Abkürzungen.

St. A. M. = Kgl. Staatsarchiv zu Magdeburg.

St. A. H. = Kgl. Staatsarchiv zu Hannover.

Erster Abschnitt.

Die Ausbreitung der evangelischen Lehre
im Stifte Halberstadt

bis zur ersten Kirchenvisitation
unter Bischof Sigismund.

1513—1564.

I.

In der Geschichte der Reformation des Bistums Halberstadt sind zwei Stadien genau zu unterscheiden. Wir finden zunächst, dass die evangelische Lehre trotz des Widerstandes der bischöflichen Gewalt, des Widerstandes der Stifter und Klöster im Volke sich verbreitet und immer weitere Schichten durchdringt, bis diese Bewegung schliesslich so mächtig wird, dass sich der Bischof gezwungen sieht, dem Volke freie Religionsübung zu gestatten. Sodann sehen wir, wie die Reformation des Bistums ihren Abschluss findet durch das energische Vorgehen eines Bischofes, der die widerwilligen Collegiatstifte schliesslich zwingt, auch ihrerseits die evangelische Lehre anzunehmen.

Danach wird sich eine Darstellung der Reformation im Stifte Halberstadt in zwei Abschnitte zu gliedern haben. Einmal ist zu betrachten, wie die evangelische Lehre unter dem Widerstande der Bischöfe Albrecht (1513—1545) und Johann Albrecht (1545—1550) aus dem Volke heraus sich verbreitete; sodann verdient eine eingehendere Darstellung das Episcopat des Herzogs Heinrich Julius (1566—1613) von Braunschweig-Wolfenbüttel, der mit Gewalt die Reformation zu vollenden suchte.

Gewissermassen als Übergangszeit zu betrachten ist die Regierungsepoche des Bischofs Sigismund (1553—1566); durch dieselbe wurde schon vorbereitet, was erst unter Heinrich Julius zur Ausführung gelangte.

Zur Zeit der beginnenden Reformation leitete das Bistum Halberstadt Albrecht von Brandenburg, seit 1513

Administrator des Stiftes [1]). Er war einer der mächtigsten
Kirchenfürsten der damaligen Zeit; denn mit dem Bistum
Halberstadt zusammen erhielt er das Erzbistum Magdeburg,
ein Jahr später auch das von Mainz. Bedeutend ist seine
Teilnahme an den politischen und kirchlichen Ereignissen in
der ersten Hälfte des sechszehnten Jahrhunderts. In seiner
Politik nicht immer entschlossen und beständig, blieb er doch
schlieslich bei der katholisch-habsburgischen Partei. In wie-
weit die Schwankungen in seiner Politik und seine persön-
lichen Verhältnisse auf die Reformation auch im Stifte Halberstadt ihren Rückschlag ausübten, wird sich im Verlauf der
Darstellung ergeben.

Früh fand die Reformation in Niedersachsen überhaupt
Eingang, und in eine frühe Zeit gehen auch die Anfänge
derselben im Stifte Halberstadt zurück. Heischt es die Pflicht
des Historikers, bei grosen Umwälzungen, seien sie politischer,
oder wie hier religiöser Art, vor allen Dingen nach den
Möglichkeiten des Entstehens, den Elementen des Wachsens
zu forschen, so werden wir uns auch hier diese Fragen vorzulegen haben. Betrachten wir zu diesem Zwecke die Verhältnisse im Bistum Halberstadt, so finden wir, dass allerdings daselbst Misstände vorhanden waren, die das Sich-
Auflehnen gegen die katholische Geistlichkeit zu einem tiefen
sittlichen Bedürfnisse machten.

Nicht allein, dass die Bewohner in Stadt und Land unter
der grosen Zahl der Stifte, Klöster, geistlichen Hospitäler
und Stiftungen [2]) schwer zu leiden hatten, — über 40 Vicare,
gegen 60 Kanoniker bezogen aus dem Stifte ihre Einkünfte—,
schlimmer war, dass diese Geistlichkeit häusliche Zucht und
Ehre durch ihre Unsittlichkeit zu vernichten drohte. Es sei
gestattet, an dieser Stelle im Zusammenhange die sittlichen
Zustände während der Regierung des Cardinals Albrecht

---

1) Nach H e n n e s , Albrecht v. Brandenburg S. 2, hat dieser das
Pallium von Halberstadt nie erhalten und auch nicht nachgesucht.
2) Nähere Angaben bei N e b e , Kirchenvisitation Einleitung S. 2.

darzulegen; sie bilden den besten Beweis für die Notwendig-
keit der Reform, und sie erklären daher auch das rasche
Umsichgreifen der neuen Lehre.

Freilich waren die Misstände seit langem tief einge-
wurzelt. Musste doch schon in der Mitte des 15. Jahrhunderts das Halberstädter Domcapitel durch eine eigene
Bestimmung[1]) das Capitelsgut, welches einzelne Mitglieder
ihren Concubinen überliessen, vor dieser Verschleuderung zu
schützen suchen. Dieser Beschluss aber hatte wenig Erfolg
gehabt, stetig waren die Misstände gewachsen und hatten zu
Anfang des sechszehnten Jahrhunderts einen geradezu er-
schreckenden Umfang angenommen[2]), so dass Halberstadt
als ein berüchtigtes Beispiel der Sittenlosigkeit und Unzucht
galt. Damals war es zuerst der Rat der Stadt Halberstadt,
welcher dagegen einzuschreiten suchte. Denn schon begnügten
sich die Geistlichen nicht mehr damit, in ihren Wohnungen
sich Concubinen zu halten, die täglich schamloser und öffentlicher wirtschafteten: auch den Töchtern, selbt den Frauen
ehrsamer Bürger stellten die Geistlichen nach. Durch Worte
und Geschenke suchten sie dieselben zu verführen, leider
nicht, ohne dabei häufig Erfolg zu haben, so dass der Rat
für den ehelichen Frieden in der Stadt das Schlimmste
fürchten musste, zumal mit der Sittenlosigkeit der Geistlichen
die sg. „französische Krankheit" sich in Halberstadt immer
mehr verbreitete und die kommende Generation zu verderben

1) Lünig, R. A. Spec. eccl. Contin I. S. 53. Beschluss des
Domcapitels 1447. Jeder Canoniker soll vor Antritt seiner Residenz
schwören, dieselbe nur zu eignem Nutzen zu thun. „Statuimus praeterea
et ordinamus, ut domum et habitationes, in immunitate constitutae,
non debeant scortis et meretricibus aut aliis levibus personis, per quas
scandala et damna oriri possunt, vendi aut locari . . . . . . Et leves
istae personae, etiamsi possessionem consecutae fuerint, debent removeri."

2) Vgl. Chron. Halberst. bei Abel S. 380 f. Wenn auch der dortige
Bericht, als von einem Anhänger der neuen Lehre geschrieben, in
einzelnen Punkten für übertrieben zu halten ist. Eigentümlich ist
die Ansicht Winnensteddes, welcher diese Zustände darauf zurückzuführen sucht „dass sich die Geistlichen des weltlichen Gerichts unter-
stehen, die doch den Ehestand verachten."

drohte. Der Versuch des Rates, diese Schäden zu bessern mislang damals leider vollständig. Ging doch die Schamlosigkeit und Frechheit der Geistlichen so weit, dass sie es wagten, den Rat bei dem Bischofe zu verklagen, als jener in einem Schreiben eine Reformation der sittlichen Schäden und Abschaffung der unzüchtigen Weiber verlangt hatte. Die Geistlichkeit durfte sich erkühnen, sich auf ihre Freiheiten zu berufen und das Schreiben des Rates als einen argen und unerhörten Eingriff in dieselben darzustellen; sie durfte es mit Hinsicht auf das sittenlose Leben des Bischofs Albrecht, an den sie ihre Beschwerde richtete. Dieser entblödete sich nicht, der Geistlichkeit Recht zu geben und den Rat ernstlich zu verwarnen. Eine scharfe Replik des letzteren vermochte natürlich nichts zu ändern.

Derartig waren die Zustände, welche schon sehr früh den Lehren Luthers Anhänger im Stifte Halberstadt verschafften.

Ranke[1]) hat zuerst nachdrücklich darauf hingewiesen, dass an der Ausbreitung der Reformation nicht zum geringsten der Augustinerorden einen Anteil hat: in Halberstadt tritt dieses besonders deutlich hervor. Zwei Augustinermönche stehen hier nach einander in dem Mittelpunkte der Ereignisse: Eberhard Widensehe[2]) und Johannes Winnenstedde[3]). Schon vor Widensehe hatten allerdings zu Anfang der zwanziger Jahre zwei Mönche aus dem Braunschweigischen, Joh. Wessel und Heinr. Geferdes in der Martinikirche das Evangelium gepredigt[4]), ihr einige Zeit ungestörtes Auftreten gab wohl auch Widensehe den Mut offen vorzugehen.

---

1) Deutsche Gesch. im Zeitalter der Reformation. 5. Aufl. II 48 f.

2) So ist die Schreibweise des Namens in den Urkunden.

3) Ich ziehe diese Schreibweise Hamelmanns den mannigfachen andern wie Winnenstade, Winnenstadt etc. vor.

4) Hamelmann, hist. renat. evangel. fol. 10. Die Zeitangaben sind bei H. mangelhaft, meist kann man auf die Zeit nur aus der Folge der Erzählung schliessen.

Eberhard Widensehe, ein Mann, dessen Bedeutung
weit über sein Kloster, ja über das Stift Halberstadt hinaus-
ging [1]), war von den Altgläubigen aus Paris berufen, sie setzten
grosse Hoffnungen auf ihn. Als Probst des St. Johannisklosters wirkte er besonders durch Vorlesungen auf dem
Gebiete der klassischen Sprachen. Bei Gelegenheit derselben
nun fing er an, anfangs schüchtern, dann immer offener das
Evangelium zu predigen: der Erfolg war ein bedeutender.
Aus der ganzen Stadt, aus den Klöstern und Collegien
drängte man sich zu seinen Vorlesungen. Wohl veranlasst
durch diesen Erfolg ging er immer weiter, offen predigte er —
zuletzt von der Kanzel von St. Martin —[2]) gegen die päbstlichen Lehren. Ein ungeheuerer Schrecken erfasste nun die
katholische Partei, sie wandte sich sogleich an den Cardinal
Albrecht, der sich damals in Halle aufhielt. Es galt den
schwer Verklagten um so rascher zu entfernen, da seine
Predigt schon Anhänger und Nachfolger gefunden hatte.
Schon lehrte der Domprediger Bartold Hammenstedt
evangelisch, schon predigte auch Valentin Mustäus vom
Orden der Brüder Unserer Lieben Frau, durch Widensehe
erweckt, laut gegen das Pabsttum. In seiner Kühnheit ging
er so weit, Briefe an Anhänger der katholischen Partei zu
schreiben, sie in denselben wie in öffentlichen Thesen zur
Disputation aufzufordern. Die Folge war, dass man ihn
auch in Halle verklagte, doch wurde er dort nach persönlich
geführter Verteidigung frei gesprochen, wie Hamelmann erzählt,
weil man den Bürgermeister H. Schreiber für den Hauptanstifter
des Abfalls von der alten Lehre gehalten habe. Dieser
wurde dann auch im folgenden Jahre (1524) von dem Sifts-
hauptmann, als er nach Wernigerode fliehen wollte, aufge-
griffen und nach Halle in Gewahrsam gebracht, bis es seinen

---

1) Vgl. Ranke a. a. O. II 48.

2) Es kann dieses nur kurze Zeit gewesen sein, da Wissel und
Geferdes nach Hamelmann. fol. 10 erst 1523 vertrieben wurden, Widensehe aber nach Ventzky erst nach ihrer Vertreibung zu St. Martin predigte.

Verwandten schliesslich gelang, ihn durch ein Lösegeld zu befreien.

Inzwischen war etwa zu Anfang des Jahres 1523 die Citation an Widensehe von Halle aus erfolgt. In derselben war ihm wohl vor allen Dingen zur Last gelegt, dass er andere Männer, wie den Probst Lucas Jacobus zu Neuen-werk [1]) zu der Irrlehre verführt habe, denn Widensehe hielt es für notwendig, sich deswegen in einem Schreiben vom 18. April 1523 brieflich zu rechtfertigen.[2]) Im Übrigen versprach er demütig, sich den Zurechtweisungen und Strafen des Erzbischofs fügen zu wollen, in der Zuversicht, durchaus nicht unrecht gehandelt zu haben. Dagegen führte er seiner-seits Klagen gegen die Bürgerschaft. Denn inzwichen war die Erbitterung der Altgläubigen in Halberstadt gestiegen. Wessel und Geferdes wurden — anscheinend ohne bischöf-liches Urteil — verjagt, Widensehe auf alle mögliche Weise beunruhigt. Am 17. April drangen Bürger der Stadt, unter ihnen verschiedene Mitglieder des Rates, Mitternachts bei ihm ein und machten ihrer Erbitterung in den gröbsten Aus-schreitungen Luft, persönlich liessen sie ihn jedoch unbehelligt.

Schlimmer kam Valentin Mustäus davon[3]). Der Titular-bischof von Accon, Heinrich, Suffragan von Halberstadt über-fiel im August 1524 mit drei Kanonikern den Unglücklichen in seiner Zelle, liess ihn in den Keller schleppen und dort entmannen. Nicht zufrieden mit diesem Act unmenschlicher Roheit, liessen sie ihre Wut noch an seiner Bibliothek aus, Augustins Schriften warfen sie in die Cloake! Mustäus wurde

---

1) Hamelmann a. a. O. fol. 10. nennt Nicol. Diemuth als Probst von Neuenwerk, Lucas als Probst zu Gottesgnade. Offenbar liegt hier ein Irrtum vor, da in einem Schreiben v. 7. April 1523. (St. A. M. Stift und Fürstentum Halberstadt II 838. Orig.) Frater Lucas Jacobus sich darüber beklagt, dass der Bischof ihn seiner Probstei entsetzt habe. Zugleich klagt er über Sehnsucht nach seinem Kloster Neuenwerk.

2) St. A. M. Stift und Fürstentum Halberst. II 838. Orig.

3) Vgl. Hamelmann fol. 13. Wo nicht eine besondere Quelle nam-haft gemacht ist, ist Hamelmann überhaupt für dieses Capitel Quelle.

am andern Morgen halbtot gefunden; geheilt begab er sich
nach Wittenberg, wo Luther diesem Märtyrer der neuen
Lehre eine Stellung bei Friedrich von Sachsen verschaffte.[1])
Inzwischen hatte sich Widensehe, wahrscheinlich Mitte
des Jahres 1523 — durch Krankheit hatte sich seine Reise
verzögert[2]) — nach Halle begeben, um sich dort vor dem
Churfürsten zu rechtfertigen. In der That konnte er auf
einen glücklichen Ausgang dieser Angelegenheit hoffen. Hatte
doch Albrecht, der in seiner Jugend mit Männern wie Eras-
mus, Hutten, Reuchlin intimer verkehrt hatte[3]), durchaus noch
nicht entschieden gegen Luther Partei genommen, ja es ist sogar wahrscheinlich[4]), dass er damals unter dem Einfluss Luthers
daran dachte, sich zu verheiraten und seine Stifter zu säcu-
larisieren. Diese Pläne schienen zu Beginn des Bauernkrieges
ihrer Ausführung nahe, wurden dann aber nach dem für die
Bauern ungünstigen Ausgange desselben sofort aufgegeben.
Es lässt sich annehmen — obwohl wir es nicht nachzuweisen
vermögen — dass ein Mann von der Bedeutung Widensehes
von lutherischer Seite mit diesen Plänen bekannt gemacht
war, er konnte daher der Verhandlung in Halle ruhig entgegen sehen. Jedoch gestaltete sich der Verlauf derselben
anders. Massgebend scheint dabei der Einfluss des Titular-
bischofes von Accon gewesen zu sein. Als nämlich Widensehe
auf die Anschuldigungen, die man ihm machte — die Ver-
führung der Pröbste zu Neuenwerk, Gottesgnade und St.
Moritz zu Halle scheint hier wieder eine Hauptrolle gespielt

---

1) Nach Winnenst. Chron. Halberst. bei A b e l S. 375, wäre der
Cardinal mit der Unthat gegen Mustäus sehr unzufrieden gewesen.
Es ist dies eine weitere Bestätigung seiner damals durchaus noch nicht
strengen Richtung.

2) In einem Schreiben vom 2. Mai 1523 an den Curialofficial H.
Horn, St. A. M. Stift und Fürstent. Halberst. II 838, klagt Widensehe
über seine schwere Krankheit. In dem gleichen Schreiben bittet er
Horn um Fürsprache beim Erzbischofe.

3) Vgl. D r o y s e n, Preussische Politik 2. Aufl. II, 2. S. 68.

4) Vgl. H e n n e s a. a. O. S. 216. ff.

zu haben — forderte, dass man seine Schriften lese, verweigerte der Titularbischof ihm dieses, jedenfalls leitete also
er die Untersuchung. Wie die Verhandlungen weiter verlaufen sind, wissen wir nicht, auch nicht, ob der Bischof sich
hervorragend an denselben beteiligt hat — fast scheint es
nicht so. Das Resultat war, dass Widensehe gezwungen wurde,
auf Probstei und Archidiaconat zu resignieren. Gefesselt und
unter Bedeckung sollte er dann nach Halberstadt gebracht
und dort im Johanniskloster gefangen gehalten werden;
in der Nacht entkam er jedoch von der Conradsburg zu
Ermsleben[1]) und erreichte unaufgehalten Magdeburg. Fast
will es scheinen, als ob der Flucht grosse Hindernisse von
Seiten der Begleiter, vielleicht auch hier wieder mit Wissen
Albrechts, nicht in den Weg gelegt seien. Mit diesem Ereignis hört die directe Wirksamkeit Widensehes auf Halberstadt auf. Wie gross sein Einfluss auf den engeren Kreis
gewesen war, zeigt der Umstand, dass das Johanniskloster zu
Halberstadt sich weigerte, einen andern Probst zu wählen. Erst
ernstliche Drohungen des Bischofs bewirkten, dass man einen
ungelehrten Pfarrherrn V a l e n t i n T e t e l e b e n[2]) als Probst
annahm; an der Martinikirche wurde der altgläubige H.
K e y e als Prediger angestellt.[3]) Es mag um dieselbe Zeit
gewesen sein, dass Hammenstedt sich der Gefangennahme
und dem Verhör vor dem Cardinal noch durch rechtzeitige
Flucht entzog.[4])

---

1) Diese Nachricht nach Winnenst. Chron. Halberst. bei A b e l S.
376, Hamelmann giebt Hamersleben als Ort der Flucht an.

2) Derselbe erscheint in einem Briefe des Domcapitels v. 8. April
1526. (St. A. M. Stift u. Fürstent. Halberst. II 838.) unter den churfürstlichen Secretairen; ob er diese Stellung auch schon vor seiner Probstei
einnahm, ist mir unbekannt.

3) Diese letztere Angabe nach V e n t z k y, Beitrag etc.

4) Vgl. Chron. Halberst. S. 377. Chronologische Angabe fehlt; doch
wird dieses Ereignis nach der Verbannung Widensehe's erzählt. Nach
Hamelmann fol. 15 wäre Hammenstedt in der Zeit nach der Vertreibung
Widensche's gestorben, doch ist die Zeitangabe sehr allgemein gehalten.
(„Dum ista omnia ita agerentur.")

So hatten die Katholiken äusserlich wenigstens einige
Erfolge errungen, doch konnten sie dadurch den inneren
Fortgang der Reformation nicht hemmen. Sie müssen das
auch selbst gefühlt haben, denn anscheinend haben sie sich
auch noch nach diesen Erfolgen über die schlechte Lage der
Geistlichkeit, ferner auch über das Singen deutscher Lieder
in den Kirchen beklagt, ohne freilich dadurch viel zu erreichen.[1])

Inzwischen brach das Jahr 1525 an, und mit ihm zogen
die Gefahren des Bauernaufstandes heran. Auch das Stift
Halberstadt blieb von ihnen nicht verschont. Besonders
hatte das Kloster Huisburg zu leiden, in der Stadt Halberstadt dagegen wurden geringfügige Zusammenrottungen bald
unterdrückt. Die katholische Partei daselbst fühlte sich jedoch nicht mehr sicher, zumal des Churfürsten Politik gerade
in dieser Zeit der Gegenpartei sich zuneigte. Die Haupt-
führer der Partei, der Titularbischof von Accon, der Curialofficial
H. Horn, H. Keye verliessen daher die Stadt. Sofort ging
nun die evangelische Partei wieder energisch vor. Das Johanniskloster wählte H. W i n k e l aus Wernigerode zum Prior [2]),
zu St. Martin wurde er Prediger. Sogleich trat er gegen die
päbstlichen Misbräuche auf, vor allen Dingen weigerte er sich
Messe zu halten. Der Bischof liess ihn nun durch seine Räte
ermahnen, wenigstens an den hohen Festtagen Messe zu halten,
aber auch das verweigerte der eifrige Lutheraner. Der Bischof

---

1) St. A. M. Stift und Fürstent. Halberstadt, II 838 befindet sich
unter dem Titel „Werbung des Capitels zu Halberstadt zu Hall" 1524
Dec. 7. ein Schriftstück enthaltend Ratschläge des Capitels, wohl an den
Churfürsten. In Art. 1 heisst es, man solle die Geistlichkeit darauf aufmerksam machen, dass die Geistlichen in den umliegenden Gegenden
und Fürstentümern viel grössere Beschwerde litten. Ferner heisst es:
„Uff den dritten artickel die teutschen gesing und lieder belangendt
wird vor nutz angesehen wo die sollten zu ergernus und weytberung
gereichen das dieselben abgestelth und vorbleiben mochten. Desgleichen
wirde der predigt halb auch vor guth angesehen."

2) In welcher Zeit dieses geschah, ist nicht genau ersichtlich,
zweifellos jedoch in Folge der Bauernunruhen. Wann und auf welche
Weise Teteleben entfernt wurde, wissen wir nicht.

ging noch einen Schritt weiter in seiner Nachgiebigkeit: nur
einmal im Jahre, lediglich um der Form zu genügen, soll
Winkel Messe halten. Erst als dieser auch jetzt noch bei
seiner Weigerung beharrte, war die Geduld Albrechts er-
schöpft: er entliess Winkel. Möglich ist, dass dieses zu einer
Zeit geschah, in welcher das entscheidende Treffen bei Königs-
hofen schon geschlagen war, nach welchem Albrecht sich wieder
vollständig den Altgläubigen zuwandte, um fortab bei ihnen
zu bleiben.

H. Winkel begab sich nach seiner Entlassung nach
Wittenberg, blieb jedoch mit Halberstadt in steten Beziehungen; das Unkluge seiner Starrköpfigkeit sah er übrigens
selbst sehr bald ein.[1])

Um dieselbe Zeit, als Churfürst Albrecht immer mehr
der altgläubigen Partei sich zuneigte und zum Schutze derselben und zur Vertilgung des Luthertums Bündnisse schloss[2]),
begann der Mann in Halberstadt zu lehren, dessen Einfluss
auf die halberstädtische Reformation für die nächsten Jahre
massgebend war: Johannes Winnenstedde. Auch er
war Augustinermönch und gehörte dem St. Johanniskloster
an, scheint sich aber der neuen Lehre nicht verdächtig gemacht zu haben, da er ohne Schwierigkeiten schon 1525[3])
zum Prediger von St. Martin erwählt wurde. Freilich blieb
er es nicht lange. Denn kaum hatte er sein neues Amt übernommen, so begann er auch alsbald gegen die Misbräuche der
katholischen Kirche zu predigen. Verschiedentlich wurde er
daraufhin vor das Domcapitel citiert ohne sich beirren zu
lassen. Schliesslich verlangte man von ihm eine öffentliche
Erklärung gegen das Luthertum, und als er sich dessen

---

1) Schon im Dec. 1525 schreibt er von Wittenberg aus an Winnenstedde, ermahnt ihn, in der evangelischen Lehre fortzufahren; zwar auch
Messe zu lesen, aber so, dass er dadurch Niemanden von den Evangelischen verlöre. St. A. M. Stift u. Fürstent. Halberst. II 838. Orig.

2) Vgl. Ranke, Reformation 5. Aufl. II 160.

3) In dem oben erwähnten Schreiben Winkels vom Dec. 25 erscheint Winnenstedde schon als Pfarrer von St. Martin.

weigerte, musste er sich in sein Kloster zurückziehen. An seine Stelle wurde darauf H e n n i g B o s s e berufen, der aber schon nach wenigen Wochen, gezwungen durch Geschäfte seines Klosters, wie Hamelmann erzählt — in Wahrheit mag wohl die Abneigung seiner Gemeinde der Hauptgrund gewesen sein — etwa zu Anfang des Jahres 1526 wieder abdankte. Nun versuchte man es zum zweiten Male mit Winnenstedde, ein Zeichen, dass er sich in seiner Gemeinde schon grosse Beliebtheit errungen hatte. Da er aber auch dieses Mal hartnäckig bei seinem religiösen Standpunkte verharrte, wusste ihn die Obrigkeit auch jetzt bald wieder zu entfernen. Nach kurzer Zeit jedoch sollte sich ihm ein Wirkungskreis an einer andern Pfarre eröffnen. In der St. Johannis-Gemeinde nämlich wurde der Wunsch laut, Winnenstedde als Prediger zu erhalten und schliesslich musste diesem sich immer mehr vordrängenden Begehren nachgegeben werden. Der Probst des St. Johannisklosters that dieses jedoch nur unter der Bedingung, dass Winnenstedde sich freihalte von dem Verdacht, Anhänger des Luthertums zu sein. Winnenstedde scheint anfangs diese Bedingung einigermassen erfüllt zu haben, denn zwei Jahre — bis 1528 — predigte er unangefochten: erst in diesem Jahre fingen die Katholiken an, sich gegen ihn zu erheben.[1] Vermutlich hatte sich nämlich Winnenstedde durch die wachsende Zahl seiner Anhänger und auf deren ausdrücklichen Wunsch bewegen lassen, seine lutherischen Ansichten wieder offener an den Tag zu legen. Wahrscheinlich machen das die nun folgenden Ereignisse. In der Fastenzeit 1529 nämlich forderte Winnenstedde's Gemeinde, er solle das Abendmahl in beiderlei Gestalt reichen, und dieser scheint dazu auch bereit gewesen zu sein. Jedenfalls aber hatte die lutherische Partei,

---

1) Als erstes Zeichen finden wir eine Bemerkung in einem Schreiben des Domcapitels an die churfürstl. Räte 1528 Aug. 29. St. A. M. Stift u. Fürstent. Halberst. II 838. Orig. Hier bittet es die Räte, auf den Prediger zu St. Johannis Achtung zu haben! Im Vorhergehenden ist davon die Rede, dass der Prediger zu St. Martin gegen Messe und geistlichen Stand rede, und dadurch Aufruhr zu befürchten sei.

als sie an ihren Prediger dieses Ansinnen stellte, ihre Stärke
doch überschätzt, obwohl damals der Rat wohl schon zum
überwiegenden Teile protestantisch war. [1]) Es gelang nämlich
den vereinigten Anstrengungen der katholischen Partei, Winnenstedde, als dieser von seinem Vorhaben nicht ablassen wollte,
zu entfernen. Er begab sich darauf für kurze Zeit nach
Braunschweig, um von dort nach Wittenberg zu gehen. Auf
dieser Reise berührte er noch einmal Halberstadt. Hier
müssen sich wohl in einer für die katholische Partei Bedenken erregenden Weise Stimmen für Winnenstedde erhoben
haben, denn der Stiftshauptmann Philipp Mesebuck, ein eifriger
Katholik, sah sich genötigt, jenen auf den Petershof zu laden
und ihm dort eine der beiden Pfarren, St Johannis oder St.
Martin, anzubieten. Dabei stellte er die Bedingung, dass
Winnenstedde nur predige, die übrigen Handlungen aber,
bei denen er vor allen mit der alten Lehre in Conflict geraten könnte, Andern übertragen würden. Schon war Winnenstedde dazu geneigt, da entstand ein ärgerlicher Streit über
seine Tonsur [2]), der schliesslich so erbittert wurde, dass
Mesebuck Winnenstedde gefangen setzen wollte. Davor schützte
ihn freilich der Rat, konnte es aber nicht hindern, dass er
dauernd das Land verlassen musste [3]). Nur einmal, schon
nach gestatteter freier Religionsübung, predigte er (1542)
wenige Wochen in Halberstadt.

Wechselnder noch als die Schicksale der St. Johannis-
pfarre waren inzwischen die der von St. Martin. Nachdem
Winnenstedde hier 1526 hatte abdanken müssen, machte die

---

1) Das geht aus den weiter unten zu besprechenden Verhandlungen
über Besetzung der St. Martinspfarre hervor.

2) Hamelmann a. a. O. fol. 19 erzählt diesen Streit sehr drastisch.

3) Er begab sich zunächst nach Magdeburg, dann zu Luther nach
Wittenberg. Durch dessen Fürsprache wurde er noch 1529 Prediger
zu Einbeck. Von dort ging er nach Goslar; er starb schliesslich zu
Quedlinburg als Pastor zu St. Blasien 25. Juli 1569. (Dieses Datum
hat das Chronicon Quedlinburgense bei A b e l S. 515, während Hamelmann fol. 24. 1568 als Todesjahr angiebt.)

katholische Partei den Versuch, Hennig Lange[1]), einem
ihrer eifrigsten Anhänger, die Pfarre zu verschaffen. Energisch
erhoben sich aber dagegen die Anhänger der neuen Lehre.
Am 23. März 1526[2]) erschienen Abgesandte des Rats vor
dem Domcapitel und erklärten, die Gemeinde wolle den
Prediger zu St. Martin nicht länger. Bleibe er, so sei Zwist
und Uneinigkeit zu fürchten; der Rat vermöge dem nicht zu
steuern, schlage jedoch als neuen Prediger einen Paulinermönch vor. Das Capitel, selbst ratlos, schrieb noch selbigen
Tages an den Cardinal, teilte ihm die Sachlage mit und
schlug, da der vom Rat genannte Paulinermönch der lutherischen
Lehre verdächtig sei, den Suffraganbischof Heinrich, von dem
es das Beste hoffte, zum Prediger von St. Martin vor. Mehrfache Verhandlungen zwischen dem Cardinal, dem Capitel
und dem Rate müssen in den nächsten Tagen stattgefunden
haben, die jedoch nur das Resultat lieferten, dass der Rat
den anfangs aufgestellten Paulinermönch fallen liess. Schon
vor dem 8. April aber trat er mit einem neuen Vorschlage
hervor: Heinrich Winkel sollte wiederum den Predigtstuhl zu St. Martin einnehmen. Aber hiergegen hatte das
Domcapitel natürlich noch viel schwerere Bedenken, die es
den churfürstlichen Räten auch sofort mitteilte[3]), indem es
an das erinnerte, was Winkel während seiner Wirksamkeit
zu Halberstadt zur Last gelegt worden war. Mit einem bestimmten Vorschlage trat das Domcapitel seinerseits diesmal
nicht hervor, so dass der Schluss wohl erlaubt ist, dass der
Titularbischof von Accon lutherischerseits auf zu energischen
Widerstand gestossen war. Das Domcapitel beschränkte sich
auf die Bitte, der Cardinal möge für den Predigtstuhl Jemanden

---

1) So nennt ihn Hamelmann fol. 16; bei Ventzky erscheint
er als Heinrich Martin Lange.

2) Schreiben des Domcapitels an den Cardinal Albrecht 1526
März 23. St. A. M. Stift und Fürstent. Halberstadt II 838. Orig.

3) Schreiben vom 8. April 1526. St. A. M. Stift und Fürstentum
Halberstadt II 838. Orig.

erwählen „der fromm und christlich predige, damit die Einigkeit und der Friede aufrecht erhalten blieben."

In Folge des Drängens von Rat und Gemeinde hatte inzwischen Hennig Lange sein Amt aufgeben müssen [1]); an seine Stelle hatte man einen schon bejahrten Mann, G e o r g S t e i n h a u s e n [2]), über dessen Richtung wir nichts wissen, gesetzt. Rat und Gemeinde aber hielten an dem einmal gefassten Plane, Winkel zurückzuführen, fest. Bald scheinen sie jedoch eingesehen zu haben, dass, wenn sie dem Domcapitel die Vermittlerrolle noch weiter überliessen, sie schwerlich zu ihrem Ziele gelangen würden. Am 17. Mai [3]) begaben sich daher Abgesandte des Rats und der acht Stadtviertel von Halberstadt in zwei getrennten Gesandtschaften zu dem churfürstlichen Rate, Grafen Bodo von Stolberg und teilten ihm ihre Wünsche in Bezug auf die Anstellung Winkels mit. Besonders hoben sie hervor, dass letzterer jetzt auch gewillt sei, Messe zu lesen. Sie versprachen ferner, darauf achten zu wollen, dass jener nicht ungebührlich predige, und baten schliesslich um schleunige Erledigung dieser Angelegenheit, damit in der Pfingstzeit die Pfarre nicht ohne Prediger sei. Graf Bodo wollte sich nun wohl nicht gerade in irgend einem bestimmten Sinne äussern, er riet daher den Abgeordneten, die Festtage über ihren alten Prediger zu behalten und sich mit ihrem Wunsche schriftlich direct an den Cardinal zu

---

1) Der Zeitpunct ist nicht genau anzugeben, am 18. Mai war sein Nachfolger jedenfalls schon einige Zeit im Amte.

2) N e b e, Kirchenvisitationen S. 9, giebt diesen Namen an und beruft sich bezüglich desselben auf St. A. M. Stift u. Fürstent. Halberstadt II 838. Mir ist dort der Namen nicht aufgestossen. Nebe's Darstellung in diesen Partien wird übrigens — abgesehen von der doch zu oberflächlichen Berührung der genannten Acten — durch die Kürze unklar. Ventzky giebt als Namen des Predigers Georg Sundhausen, bei H a m e l m a n n wird er als „Georgius senex" bezeichnet, und in dem Schreiben des Grafen Bodo v. Stolberg. 18. Mai 1526 erscheint er als „Prediger Jorgen."

3) Schreiben des Grafen Bodo an Cardinal Albrecht 1526 Mai 18. St. A. M. Stift und Fürstentum Halberstadt II 838. Orig.

wenden. Dieser Rat wurde sogleich am nächsten Tage befolgt. Sehr eindringlich empfahl der Rat H. Winkel, indem er seine Vorzüge beredt pries[1] und besonders hervorhob, dass jener inzwischen in Leipzig gewesen sei und sich dort verständig habe unterweisen lassen, so dass er nun auch Messe halten wolle. Aber auch dieser Schritt hatte nicht den gewünschten Erfolg. Schon am 29. Mai antwortete der Cardinal auf das Schreiben des Grafen Bodo[2]. Er warnte entschieden vor der Anstellung Winkels, da zu befürchten sei, dass „die heimlich martinistische gifft mocht nochmals in yme nicht verloschen sein." Jedoch wollte er den Beschluss über diese Angelegenheit seinen Räten und dem Halberstädter Domcapitel überlassen: nähmen diese Winkel an, so wollte auch er denselben bestätigen unter der Bedingung, dass er verspreche, die reine Lehre nach den Reichstagsbeschlüssen von Worms und Nürnberg[3] zu lehren. Wie zu erwarten und wie wohl von Cardinal Albrecht gehofft wurde, ist dann die Entscheidung nicht zu Gunsten Winkels ausgefallen. In welcher Weise aber diese Frage erledigt, und wie Rat und

---

1) In dem Schreiben des Rates an den Cardinal 1526 Mai 18. St. A. M. Stift u. Fürstent. Halberst. II 838. Orig. heisst es: H. Winkel habe schon früher das Wort Gottes „christlich, lieblich, herzlich gepredigt, das Volk bei aufrührerischer Zeit aus einem sanftmütigen Geist und Herzen, treulicher Liebe und Wohlmeinung zu Nutz ihrer Seelen Seligkeit und Beliebung Gottes und der Nächsten, zu Gehorsam der Obrigkeit, zu Friede und Einigkeit geführt, gewiesen, auch mit seufzendem Herzen, christlich, lieblich sich gegen einen jeden zugehalten, gebeten und vermahnt, also dass wir alle sämmtlich ihm gefolgt .... er auch ein ehrbar Leben bei uns geführt und von jedem seiner christlichen Lehr halber beliebt worden." Auch Hamelmann stellt Winkel ein sehr günstiges Zeugnis aus, er sagt von ihm: „Erat lenis, placidus, affabilis, ac benignus erga omnes."

2) St. A. M. Stift u. Fürstent. Halberst. II 838. Orig.

3) Gemeint ist jedenfalls der Nürnberger Reichstagsabschied von 1524, nach welchem das Wormser Edict „so viel als möglich" durchgesetzt werden sollte. Vgl. Ranke, Reformation. 5. Aufl. II S. 96. ff. Churfürst Albrecht legte diesen Beschluss natürlich in streng lutherfeindlichem Sinne aus.

Gemeinde zum Nachgeben bewogen wurden, wissen wir nicht. Vielleicht wurde schon bald nach dieser Zeit auf Winnenstedde's Empfehlung der aus Nymwegen vertriebene K o n r a d F e i g e n b u t z von der evangelischen Partei als Nachfolger Steinhausens durchgesetzt [1]). Sicher ist allerdings nicht, ob Feigenbutz jemals Hauptprediger zu St. Martin war oder nur Coadjutor, wie denn überhaupt Namen und Reihenfolge der Prediger von 1526—1540 ziemlich im Unklaren liegen. Einige Nachrichten haben wir wieder aus dem Jahre 1528, die aber auch nicht geeignet sind, völliges Licht in das Dunkel zu bringen. Es geht daraus nur hervor, dass die katholische Partei sich bei dem Churfürsten Albrecht wiederum beschwert hatte, dass Anhänger der lutherischen Lehre zu St. Martin predigten. Man beschuldigte [2]) nämlich den Pfarrer an dieser Kirche, dass er hergelaufene Mönche, die „ihr Habit und Religion abgelegt" hätten, predigen lasse. Vielleicht zielt diese Anschuldigung auf Feigenbutz, der jedenfalls damals noch an der Martinikirche thätig war [3]). Nachdem Feigenbutz besonders durch die Bemühungen des Decans vom Domcapitel J o h. M a r e n h o l z entfernt war, scheint das Halberstädtische Domcapitel einen Prediger vorgeschlagen zu haben, gegen den die churfürstlichen Räte nichts einzu-

---

1) Ist die Angabe V e n t z k y 's richtig, dass K. F. nur 6 Wochen im Amte gewesen sei, so könnte er erst 1528 berufen sein, da er nach H a m e l m a n n bis Jacobi 1528 predigte. Vielleicht ist dieses richtig und damit auch die Nachricht, dass nach Sundhausen — wie ihn Ventzky nennt — Winnenstedde, der sich ja damals ruhig hielt, wieder das Pfarramt zu St. Martin übernommen habe. Jedenfalls wäre er dann zur Zeit Pfarrer an beiden Kirchen gewesen. H a m e l m a n n sagt nichts davon und lässt auf den „senex Georgius" gleich Feigenbutz folgen. Nach Ventzky wäre dieser erst Nachfolger Winnenstedde's gewesen, der die Stellung an der Martinipfarre dann doch schon vor seiner Vertreibung aufgegeben haben müsste.

2) Schreiben des Pfarrers zu St. Martin (eine speciellere Namenangabe fehlt in der Unterschrift) an den Stiftshauptmann von Hoim 1528 Juni 27. St. A. M. Stift u. Fürstent. Halberst. II 838. Copie.

3) Vgl. oben Anm. 1.

wenden hatten [1]), der aber dem Rate von Halberstadt nicht
genehm war, wenigstens scheint er sich geweigert zu haben,
denselben anzunehmen. Schwer verständlich aber ist, wie
dann wenige Tage darauf [2]) derselbe Rat erklären konnte,
den Prediger annehmen zu wollen, nun aber das Domcapitel
seinerseits die churfürstlichen Räte bat, mit der Annahme
des Predigers nicht zu eilig zu sein, da er neulich gegen
Messe und geistlichen Stand gepredigt habe. Hatten sich
vielleicht Rat und Domcapitel in dem von letzterem vorgeschlagenen Prediger getäuscht, ihn für einen eifrigen Anhänger der alten Lehre gehalten? Dann wäre der rasche
Umschwung der Ansichten erklärlich. Ungewiss bleibt die
Sache, wie wir denn auch nicht einmal den Namen des
Predigers, um den es sich hier handelt, kennen.

Auch von andern Unruhen und Ungehörigkeiten, die wahrscheinlich von der lutherischen Partei ausgingen, hören wir
in dieser Zeit. So wurde [3]) das Jungfrauenkloster zu St.
Nicolaus gewaltsam geöffnet und eine Nonne aus demselben
entführt, ohne dass die Domina des Klosters darauf besondere
Schritte gethan zu haben scheint.

Um das Jahr 1529 aber begann sich die katholische
Partei in Halberstadt wieder bedeutend zu verstärken. Wir
sahen schon [4]), wie Winnenstedde dieser Gewalt weichen musste;
durch die gleichen Umstände scheint auch die Martinipfarre
beeinflusst zu sein. Wichtig für die katholische Partei war wohl
vor allem, dass sich in Halberstadt eine Reihe von Männern
sammelten, die geeignet waren, dieselbe zu leiten und zusammenzuhalten. Dr. Lüder, ein Paulinermönch aus Braunschweig, Dr. Runge, ein Franziskanermönch aus Hannover,

---

1) Schreiben der churfürstlichen Räte an H. Horn 1528 August 24.
St. A. M. Stift u. Fürstent. Halberst. II 838. Copie.
2) Schreiben des Domcapitels an die churfürstl. Räte 1528 Aug. 28.
St. A. M. a. gl. O. Orig.
3) Schreiben des Stiftshauptmann von Hoim an den Churfürsten
1528. Dec. 20. St. A. M. a. gl. O. Orig.
4) Vgl. S. 21. f.

ein Mönch B a l d u i n aus Hildesheim, J o h. Z y r e n b u r g
und später J o h. M a t t h i a s ans Quedlinburg werden uns
von Hamelmann genannt. Sei es nun, dass diese nur die
immerhin noch sehr mächtige katholische Partei wieder
sammelten, sei es, dass sie durch ihre Predigt auch wieder
neue Anhänger erwarben, jedenfalls hatten sie binnen kurzer
Zeit völlig die Oberhand in der Stadt. Wirksam unterstützt
wurden sie von Churfürst Albrecht und von dem Domcapitel.
Der erstere liess 1530 ein gegen die Lutheraner gerichtetes
sehr scharfes Edict des Kaisers im Stifte verlesen, zum
Nachfolger Winnensteddes schlug er seinen Günstling, den
Titularbischof von Accon vor [1]). Von dem Domcapitel wird
besonders auch J o h. M a r e n h o l z als eifriger Katholik und
Verfolger der Protestanten erwähnt. So setzten die Katholiken
es denn durch, dass zu Anfang des Jahres 1530 kein lutherischer
Prediger mehr in der Stadt war. Freilich vermochten sie es
nicht zu hindern — Versuche dazu wurden besonders durch
Mesebuck gemacht —, dass die an ihrem Glauben festhaltenden
Protestanten heimlich, oft unter den grössten Gefahren, in
den umliegenden protestantischen Ortschaften, bis nach Magdeburg, die Gottesdienste besuchten.

Während so in der Stadt Halberstadt die Lage für die
Protestanten eine recht ungünstige war, fand die neue Lehre
in den ländlichen Bezirken des Stifts allmählich immer mehr Eingang. Wahrscheinlich schon 1526 sah sich der Churfürst genötigt,
ein strenges Mandat zum Schutze der althergebrachten Ceremonien zu erlassen, an das man sich jedoch zu Osterwick
nicht viel kehrte. Allerlei Unordnungen kamen hier beim
Gottesdienst vor, deutsche Lieder wurden gesungen, die

---

1) Diese letztere Angabe bei N e b e, Kirchenvisitationen S. 10.

2) St. A. M. Stift und Fürstent. Halberstadt II 838 befindet sich
zwischen zwei Schreiben vom Mai 1526 das Concept eines Schreibens
an den Vogt und Rat zu Osterwieck, dessen Aussteller entweder die
churfürstl. Räte oder das Domcapitel. Das Datum fehlt. Nur der oben
erwähnte Umstand spricht für das Jahr 1526. Woher N e b e die bestimmte Jahresangabe 1526 nimmt, weiss ich nicht.

Ceremonien, das Weihwasser verspottet. Wahrscheinlich zu
derselben Zeit[1]) sah sich der Churfürst veranlasst, an die
Grafen von Reinstein — die Grafschaft Reinstein war unmittelbar unter Halberstädtischer Jurisdiction gelegen — ein
Schreiben zu senden und ihnen die Abstellung der Neuerungen,
wie die Reichung des Abendmahls in beiderlei Gestalt, zu
befehlen. Freilich hatte er auch hier keinen Erfolg, denn
wir sehen, dass die Protestanten von Halberstadt in den
Jahren der Unterdrückung gerade auch nach Reinstein zu
den protestantischen Gottesdiensten gingen. In Aschersleben
fand der katholische Pfarrer J o h. W e b e r schon 1527 keine
Zuhörer mehr und dankte deshalb ab[2]); 1534 musste auf
Befehl des Churfürsten der Pfarrer zu Ermsleben, der das
Sacrament unter beiderlei Gestalt gereicht hatte, abdanken[3]).
Die Gemeinde aber konnte, so giebt sie an, keinen katholischen
Pfarrer finden, und 1535 predigte daselbst wieder der evange-
lische Pfarrer J o h. S a n g e r, vielleicht derselbe der 1534
sein Amt hatte niederlegen müssen. In demselben Jahre er-
hielt auch Osterwieck in C o n r a d B e i n e seinen ersten evange-
lischen Pfarrer[4]); 1538 wurde zu Croppenstedt A u g u s t i n
S t e i n k o p f als erster evangel. Pfarrer eingesetzt[5]). So regte
sich der Protestantismus mächtig im Stift, überall wurde das
Verlangen nach der neuen Lehre laut[6]), in vielen Flecken,
Dörfern und Städten wurde das Evangelium gepredigt, das
Abendmahl in beiderlei Gestalt gereicht.

---

1) Auch das Concept (Copie?) des Schreibens des Churfürsten
Albrecht an die Grafen von Reinstein ist undatiert und befindet sich
zwischen zwei Schreiben von 1525 u. 1526.

2) Vgl. N e b e a. a. O.

3) Schreiben des Rates von Ermsleben an den Kanzler Iurgen 1534
März 12. St. A. M. Stift u. Fürstent. Halberst. II 838. Copie. Der
Name des Pfarrers ist nicht genannt.

4) Vgl. N e b e. S. 11.

5) Vgl. L e u c k f e l d, Antiquitates Gröningenses S. 213.

6) Schreiben des Rates von Halberstadt an Churfürst Albrecht.
1540 Febr. 7. u. März 11. St. A. M. Stift u. Fürstent. Halberst. II 838.

Unter diesen Verhältnissen hatten sich auch in der Stadt
Halberstadt die Umstände gebessert. Zwar hatte noch 1537
der Churfürst die Mitglieder des Rats nur unter der Bedingung bestätigen wollen, dass sie sich der neuen Lehre
nicht verdächtig machten, aber sein Erlass blieb ohne Wirkung;
den Rat sehen wir 1540 durchweg protestantisch. Ende 1539
fühlte sich die protestantische Partei nun auch wieder stark
genug, thätig vorzugehen.[1]) Man begann damit, den katholischen
Pfarrer zu St. Martin, Bertold, zu vertreiben; statt seiner
wurde vom Rate Johannes Silvius eingesetzt. Dieses
Vorgehen musste bei der doch immerhin starken katholischen
Partei, die ihre Hauptstütze in dem Churfürsten sowie der
Union der Stifter und Klöster fand, energischen Widerspruch
erregen: heisse Kämpfe waren unvermeidlich. Vergeblich wies
der Rat darauf hin, dass das Verlangen nach der neuen
Lehre allgemein sei; vergeblich behauptete er, dass der alte
Pfarrer zu St. Martin sein Amt nicht ordentlich verwaltet
habe, dass der Zustand der Seelsorge überhaupt sehr traurig
sei, und das Volk noch immer nach auswärts gehen müsse,
um die reine Lehre zu hören, dass es dagegen mit Silvius
in Lehre und Seelsorge sehr zufrieden sei. Es nützte auch
nichts, dass dieser selbst sich erbot, vor dem Churfürsten
seine Lehrmeinung darzulegen: Albrecht blieb hartnäckig.
Die protestantische Partei aber vermochte oder wagte doch
nicht, Silvius gegen des Churfürsten Willen zu halten, und
so musste er weichen. Schwieriger war es nun freilich, einen
neuen katholischen Pfarrer zu finden. Der Probst des St.
Johannisklosters — damals Hennig Lange — hatte das
Recht, drei Männer in Vorschlag zu bringen, der Rat, einen
derselben zu wählen. Nun stellte der Probst auch damals

---

1) Über die nun folgenden Ereignisse liegen uns ziemlich ausführliche Nachrichten vor. Wir haben von Januar bis Mai 1540 14
Schreiben des Rates, des Domcapitels, des Churfürsten und seiner Räte,
des Probstes des St. Johannisklosters; bis auf ein Schreiben des Rates
1540 Febr. 3. alle im Original. St. A. M. Stift und Fürstent. Halberstadt II 88ᵇ.

drei Geistliche, die aber, wie vorauszusehen, von dem Rate
einfach zurückgewiesen wurden. Bezeichnend ist, dass das
Johanniskloster nicht im Stande war, noch weitere drei in
Vorschlag zu bringen, und der Rat empfahl als Prediger nun
den Vicar am Dom, P a u l D o b b e l e r, mit dem der Probst
vorbehaltlich der Einwilligung des Churfürsten zufrieden war.
Doch scheint letztere nicht erfolgt zu sein. Vielleicht richtete
sich gegen diesen, vom Rate vorgeschlagenen Prediger der
Vorwurf des Domcapitels, dass er „ein schlechter Geselle sei
und vormals das Tischlerhandwerk betrieben habe" [1]), obwohl
dann allerdings nicht zu begreifen wäre, wie man ihn als
Vicar am Dom hätte dulden können. Jedenfalls hören wir
nichts weiter von ihm, zu Pfingsten aber liess der Probst
plötzlich den katholischen Pfarrer J o h a n n v. L ü d e l i n g -
b u r g predigen. Ein allgemeiner Aufruhr war die Folge.
Das Volk liess den Prediger nicht zu Worte kommen, stimmte
eigenmächtig deutsche Gesänge an und lief schliesslich aus
der Kirche. Abends und Nachts kam es zu tumultuarischen
Scenen auf den Strassen, die Pfaffen und Mönche wurden
von dem erregten Pöbel ernstlich bedroht. Der Rat aber
liess sofort einen protestantischen Prediger aus Blankenburg
kommen. Mit diesem, der an den folgenden Pfingsttagen
predigte, war, nach des Rates Aussage, das Volk sehr zufrieden. Der Churfürst aber war sich wohl bewusst, dass es
sich darum handle, ob er das Stift dem Protestantismus

---

1) Dieser Vorwurf wird in einem Schreiben des Domcapitels an
Churfürst Albrecht 1540 Mai 18. erhoben. Unmittelbar vorhergeht das
Schreiben II. Lange's an die churfürstlichen Räte 1540 April 27, in
dem er über die Vocation des Pfarrers zu St. Martin berichtet. Unwahrscheinlich ist es nicht, dass die churfürstl. Räte wegen Dobbeler
inzwischen bei dem Domcapitel anfragten und dass darauf obige Antwort erfolgt. Wunderbarer Weise werden in diesem Schreiben die Vorgänge zu Pfingsten noch nicht erwähnt, sondern dieses geschieht erst
in einem zweiten Schreiben gleichen Datums. Möglich wäre allerdings,
dass dieses der Zeit der Absendung nach das erstere wäre. (In dem
Actenfascikel nimmt es die zweite Stelle ein.) Alsdann würden sich die obi-
gen Angaben auf den vom Rate aus Blankenburg citierten Pfarrer beziehen.

überlassen wolle oder nicht, und er war noch immer nicht gewillt nachzugeben, in dem Gefühl, sich auf eine starke katholische Partei im Reiche stützen zu können. [1]) So dauerte der Kampf noch eine Weile fort, das Ansehen des Churfürsten sank jedoch immermehr. Schon konnte er nicht mehr hindern, dass der Geistlichkeit Zölle und Zehnten versagt, ihr Bann und Jurisdiction verspottet wurden, dass man überall lutherische Gesänge einführte, die katholischen Geistlichen mit Mord und Todschlag bedrohte, ihre Habe gefährdete [2]). Es lässt sich daraus abnehmen, dass der Sieg wohl unter allen Umständen sich dem Protestantismus zugeneigt haben würde, rascher jedoch wurde der Kampf durch ein glückliches Ereignis beendet.

Schon seit Anfang seiner Regierung hatte der Churfürst mit ewiger Geldnot zu kämpfen. Hatten ihn doch die Mainzer nur unter der Bedingung gewählt, dass er die Kosten des Palliums selbst trüge, und der Churfürst hatte darauf bei Fugger eine Anleihe von 30,000 Gulden gemacht. Dazu kam, dass er eine grosse Vorliebe für Kirchengepränge hatte [3]). Auf welche Weise er seine Schulden zu decken suchte, ist aus der Reformationsgeschichte hinreichend bekannt; jedoch genügten ihm jene Mittel nicht, und seine Stifter, vor allen Magdeburg und Halberstadt, hatten häufige Schatzungen zu erleiden [4]).

---

1) In einem Schreiben an seine Hofräte, 1540 März 21, sagt der Churfürst: „dan nachdeme wir uns mit Kay. u. Kög. Majest. auch andern fürsten und stenden in ein christlich bundnis eingelassen, wissen noch wollen wir demselben zuwider uns in nichts einzulassen noch zu verwilligen viel weniger denen zu halberstadt solche neuerung zugestatten." Wenn sie trotzdem nicht von ihrem Vorhaben abständen, so wolle er sich bei den Bundesmitgliedern Rats erholen.

2) Über alle diese Punkte klagt eine (undatierte) Werbung des Domcapitels an den Churfürsten Albrecht, St. A. M. Stift und Fürstentum Halberstadt II 838, die vermutlich in diese Zeit fällt.

3) Vgl. Chron. Halberst. bei A b e l S. 371 f.

4) F r a n t z , Gesch. d. Bist. Halberst. S. 179 f. giebt an, Luther habe dem Churfürsten 1539 vorgeworfen, er habe Magdeburg u. Halberstadt 24mal ausserordentlich besteuert. Wo sich diese Stelle in Luthers Werken findet, weiss ich nicht. Bei Frantz fehlt, wie gewöhnlich, der Quellennachweis.

Im Jahre 1540[1]) nun hatte der Churfürst wieder einmal bedeutende Summen nötig, die er durch eine Auflage von den Ständen des Erzbistums Magdeburg und des Bistums Halberstadt zu erlangen hoffte. Diesen Zeitpunkt hielten die Stände beider Stifte für geeignet, endlich die Zusage der freien Religionsübung zu erlangen. Sie thaten sich sofort zusammen, und im Namen aller musste der Bürgermeister von Magdeburg den churfürstlichen Räten erklären, sie würden das Geld nicht zahlen, wenn ihnen nicht freie Übung der Augsburgischen Confession gestattet würde. Anfangs weigerten sich die Räte, diesem Verlangen zu willfahren, und auch den Churfürsten konnte schliesslich nur seine grosse Geldnot zur Nachgiebigkeit bewegen. Erst als er die Unerbittlichkeit der Stände sah, gab er nach, jedoch sollten die Stiftskirchen und Klöster bis auf ein künftiges Conzil von der Religionsänderung frei sein.

So war der Sieg endlich nach Jahre langen Kämpfen erfochten; wie so oft in der Geschichte der Reformation hatten auch hier äusserliche, persönliche Verhältnisse den Ausschlag gegeben. Verschmerzen konnte freilich der Churfürst diesen Sieg der Protestanten nicht, grollend zog er sich nach Mainz zurück und überliess die Verwaltung der Stifte Magdeburg und Halberstadt fortab seinem Vetter Johann Albrecht von Brandenburg, der schon seit 1536 sein Coadjutor für beide Stifte war.

Stadt und Land aber beeilten sich nun, von der freien Religionsübung Gebrauch zu machen. Zu St. Martin wurde

---

1) Vgl. Ranke, Reformation 5. Aufl. IV 118, dessen Darstellung nach Acten des Kgl. Staatsarchivs Magdeburg die Angaben Hamelmanns und des Chron. Halberst. ungenau erscheinen lässt. Aus den von Ranke angeführten Acten ergiebt sich mit Bestimmtheit nur, dass auf dem Landtage zu Calbe des Jahres 1541 die Forderungen hinsichtlich der Religion nicht in der Weise vorgebracht sein können, wie Hamelmann fol. 22 angiebt. Immerhin ist darum die Erzählung H's. noch nicht zu verwerfen, denn es ist die Möglichkeit vorhanden, dass schon vor jenem Landtage Verhandlungen von Seiten der churfürstlichen Räte mit den Ständen beider Stifte stattfanden. Diese könnten sich in der Weise

1510 Jodocus Otto evangelischer Pfarrer, zu St. Johannis
1542 Joh. Schacht, zu St. Blasien, nachdem daselbst
Winnenstedde noch einmal 9 Wochen gepredigt hatte, Clemens Ursinus; der katholische Pfarrer zu St. Paul,
Joachim Craberg, ging zum Luthertum über.

Auch in Gröningen [1] verbreitete sich 1540 die evange-
lische Kirchenlehre, 1543 fand dort die letzte katholische
Procession statt; in Süd-Gröningen predigte 1544 Joh.
Blankenburg das Evangelium, etwas später (ca.. 1550)
folgte Westergröningen, Anfang der 60iger Jahre zogen die
Mönche von dort nach Corvey; in Wegeleben predigte seit
1545 Melchior Zeigerstein das Evangelium, in Destorff
Johann Gunthan seit 1543.

Auch evangelische Schulen suchte man zu gründen.
Zuerst that dieses Balthasar Meistorff in der Dom-
schule, stiess aber auf energischen Widerstand des Domcapitels, das ihn alsbald entliess. Domcapitel und Collegiatstifte waren es überhaupt, die den Neuerungen energischen
Widerstand entgegensetzten. Vor allem das Capitel St.
Bonifacii. Zu dessen Rechten gehörte seit Alters die Besetzung der St. Moritzpfarre, und es hatte daselbst auch
nach 1540 katholische Pfarrer predigen lassen. Dagegen
lehnte sich nun aber 1542 die völlig protestantische Gemeinde
auf. Sie verlangte [2] von dem Dechanten, er solle das Capitel veranlassen, ihr einen evangelischen Pfarrer zu geben;
kaum bewilligte man dem Capitel auf seine Bitten acht Tage

---

vollzogen haben, wie Hamelmann erzählt; wahrscheinlich wird dieses
auch dadurch, dass H. die Ereignisse in das Jahr 1540 verlegt. Der
Landtag zu Calbe bildete dann nur den Abschluss der Verhandlungen,
und der Churfürst mag durchgesetzt haben, dass die Zugeständnisse
hinsichtlich der Religion nicht mit in den Abschied aufgenommen
wurder.

1) Leuckfeld, Antiquit. Gröning. 156. 178 f. 182. 271.

2) Schreiben des Capitels St. Bonifacii an Johann Albrecht 1542
Aug. 24. Orig.; Schreiben des Domcapitels an J. A. 1542 Aug. 25.
Orig. St. A. M. Stift u. Fürstent. Halberst. II 838.

Bedenkzeit. Diese waren noch noch nicht verstrichen, da
erschienen die Abgeordneten der Gemeinde wieder und forderten dringender Erfüllung ihres Gesuches: würde es ihnen
nicht gewährt, so solle man ihnen „jura und Register" der
Pfarre herausgeben, sie würden sich dann selbst einen
Pfarrer wählen. Umsonst wandte sich das Capitel an das
Domcapitel, dieses wusste keinen Rat und wies es an den
Coadjutor; als auch er die Entscheidung ablehnte, wandte
es sich schliesslich an den Churfürsten selbst[1]). Dieser
scheint dann seinen Coadjutor bewogen zu haben, den Rat
ernstlich zu ermahnen, seine Unterthanen besser im Zaume
zu halten. Der Rat aber antwortete[2]), er habe den Coad-
jutor schon längst darauf aufmerksam gemacht, dass man
den Bürgern billige Forderungen gewähren müsse: weitere
Unordnungen seien nicht vorgekommen, er bitte daher den
Coadjutor, dass er den Leuten in Bezug auf die evangelische
Predigt willfahre. Doch hat in diesem Falle die protestantische Partei ihr Ziel nicht erreicht. Friedlicher ging es zu
St. Johannis zu, wo Protestanten und Katholiken dieselbe
Kirche benutzten[3]), dagegen schoben zu Gröningen die Evangelischen die Schuld an dem unnatürlichen Tode des Schul-
meisters Johann Carl, der sich zum Luthertum bekehrt hatte,
den Katholiken zu[4]).

Im J. 1545 war Churfürst Albrecht gestorben und ihm folgte
sein Coadjutor Johann Albrecht auch in Halberstadt
als Bischof. Wir sind jedoch bei der Spärlichkeit der Nachrichten nicht im Stande, auf religiösem Gebiete seinen Einfluss während der fünf Jahre seiner Regierung zu verfolgen.
Zeitweilig (3. Jan. 1547—12. Juli 1548) wurde dieselbe ja

---

1) Das Capitel St. Bonifacii an den Churfürsten Albrecht. 1542
Oct. 13. St. A. M. Stift u. Fürstent. Halberst. II 838. Orig.

2) Der Rat von Halberstadt an den Stiftshauptmann v. Hoim.
1543 Febr. 14. St. A. M. a. gl. O.

3) Vgl. Ventzky a. a. O.

4) Leuckfeld, Antiq. Grön. erzählt dies als Thatsache, wohl
nach protestantischer Quelle.

auch noch durch die unfreiwillige Abtretung seines Stiftes
an Churfürst Johann Friedrich von Sachsen unterbrochen.
Seinen Stiften scheint er viel genützt zu haben, Winnenstedde sagt von ihm[1]), er sei ein weiser und kluger Fürst
gewesen, dabei auch sparsam, er habe das Stift wieder in
die Höhe gebracht, versetzte Güter und Häuser wieder ein-
gelöst. Dieses Lob, ihm von einem Manne gespendet, der
auf religiösem Gebiete sein Gegner war, dürfen wir wohl
für wahr halten[2]). Hervorzuheben und rühmend anzuerkennen
ist aber vor allen Dingen auch sein Einschreiten gegen die
sittlichen Zustände unter der Geistlichkeit. Wir sahen[3]),
dass unter der Regierung Albrechts von der bischöflichen
Obrigkeit nichts gegen dieselben geschah; auch die Auflehnung des Volkes gegen diese Zustände war bislang ohne
Erfolg geblieben. So hatte sich das Unwesen fortgeschleppt
und immer mehr verschlimmert. Da war es denn freilich hohe
Zeit, dass Johann Albrecht eingriff. Zählte man[4]) doch damals in Halberstadt gegen achzig uneheliche Kinder, deren
Väter als Geistliche ganz öffentlich bekannt waren, machten
doch die Stiftshäuser mehr den Eindruck von Lusthäusern
als von Wohnungen der Geistlichen. Freilich hätte es zu
einer Beseitigung der Misstände eines energischeren Durch-
greifens bedurft, als dies von Johann Albrecht geschah.
Wohl erliess er zweimal Befehle, die Concubinen abzuschaffen,
und suchte denselben durch kaiserliche Mandate Nachdruck zu
verschaffen. Auch sandte er Executoren zur Durchführung dieser Massregeln, erzielte damit aber niemals einen länger
als einige Wochen dauernden Erfolg, zumal die Executoren
selbst von Unsittlichkeit nicht frei waren[5]).

---

1) Chron. Halberst. bei A b e l S. 407 f.
2) Woher F r a n t z, Gesch. v. Halberst. S. 181 seine Angabe über
den übertriebenen Religionseifer des Bischofs nimmt, weiss ich wieder
nicht zu sagen. Auffallen müsste es, wenn im Falle, dass diese Angabe begründet wäre, Winnenstedde nichts dergl. erwähnte.
3) Seite 14.
4) Vgl. R e i m m a n n, Abriss etc. unter dem Jahre 1546.
5) Vgl. Chron. Halberst. S. 408.

Dagegen sehen wir, dass die evangelische Religion sich immer mehr ausbreitete, das Ansehen des Bischofs immer mehr schwand. Wir erkennen das an der Art, wie sich Stände und Geistlichkeit dem Augsburger Interim gegenüber verhielten [1]).

Der Bischof hatte dem Capitel das Schreiben des Kaisers wegen Annahme des Interims gesandt und um Rat in dieser Angelegenheit gefragt; vermutlich wusste er, dass dasselbe auf ernstlichen Widerstand im Stift stossen würde. Zu Halberstadt hatte er dann einen Landtag halten lassen, die Stände aber hatten daselbst keine feste Antwort gegeben und um sechs Wochen Frist gebeten. Das Domcapitel schlug dem Bischof nun vor, die Stände nochmals zusammenzuberufen und jeden einzelnen derselben zu zwingen, das Interim anzunehmen unter der Androhung, kaiserliche Gewalt zuzuziehen. Nur so, meinte es, könne der widerspenstige Adel zur Nachgiebigkeit gebracht werden [2]).

Nicht besser stand es mit den Pfarrern auf dem Lande, die sich aufs Entschiedenste weigerten, das Interim anzunehmen, ja sogar von der Kanzel gegen dasselbe predigten, ein Beweis, wie stark der Protestantismus dort schon war. Zur Abhülfe hiergegen schlug das Domcapitel dem Bischof Visitation unter Zuziehung von Inquisitoren und Executoren vor, die zugleich eine Reformation der Geistlichkeit in katholischem Sinne vornehmen sollten. Ob in dieser Beziehung irgend etwas geschehen ist, wissen wir nicht, doch ist es kaum anzunehmen, da Johann Albrecht nach weniger als einem Jahre starb. Wahrscheinlich ist wohl, dass die Bewegung der Stände und Geistlichen gegen das Interim von Magdeburg aus unterstützt wurde, da ja gerade diese Stadt den Mittelpunkt des Widerstandes gegen das Augsburger Interim bildete.

1) Schreiben des Domcapitels an Johann Albrecht. 1549 März 25. St. A. M. Stift u. Fürstent. Halberst. II 843. Orig.

2) „Ob dadurch die von adell und stedte in s. f. g. stiftte halberstadt, welche sich zum hohisten dawidder sperren, das interim anzunehmen mochten bewogen werden.“

II.

Auf Bischof Johann Albrecht folgte die kurze ereignislose Regierung des Bischofs F r i e d r i c h. Die Protestanten hatten grosse Hoffnungen auf ihn gesetzt, weil er der Sohn Joachims II., des Reformators der Mark war. In Halberstadt regierte er thatsächlich nur ein halbes Jahr, da er erst gegen Ostern 1552 daselbst eingeführt wurde und am 2. October desselben Jahres starb. Sein kirchlicher Eifer wird gerühmt [1]).

Ereignisvoller und wichtiger war die Regierung des nun folgenden Bischofs S i g i s m u n d, eines Halbbruders des vorigen Bischofes. Freilich kam er in Halberstadt nicht sofort zur Regierung, denn dort hatte sich eine Partei für den Domprobst Grafen Christoph von Stolberg entschieden, und die Curie mag wohl geschwankt haben, wem sie den Vorzug geben solle, zumal Sigismund evangelisch erzogen war und auch Chr. v. Stolberg sich zur Augsburgischen Confession bekannte [2]). Welche Gründe den Ausschlag dann für ersteren gaben, muss dahin gestellt bleiben. Nicht unwahrscheinlich ist jedoch, dass Sigismund bestimmte Zusagen hinsichtlich der Religion gemacht hat, welche die Curie beruhigten. Darauf lässt die ganze Haltung seiner Regierung schliessen. Vielleicht musste er versprechen, sich nicht verheiraten zu zu wollen [3]); welche Zusagen er aber etwa in religiöser Beziehung machte, ist durchaus unsicher [4]). Als zweifellos erscheint, dass ihn nur seine ganze Stellung zur Curie und zum

---

1) Chron. Halberst. bei Abel S. 409 f.

2) Vgl. L o s s e n, Kölnischer Krieg I S. 470.

3) Im Chron. Halberst. bei A b e l S. 418 wird zwar angegeben, nur eine bösartige Krankheit habe Sigismund abgehalten sich zu verheirathen, die Strenge jedoch, mit der er gegen die sittlichen Schäden vorging (s. unten), macht diese Behauptung unwahrscheinlich.

4) Die Pacta des Bischofs mit dem Halberstädtischen Capitel (gedruckt bei Lünig R. A. X. 365 f.) geben darüber durchaus keinen Aufschluss.

Reiche hinderte, die lutherische Lehre in seinem Stifte offi-
ciell einzuführen, denn er selbst bekannte sich zu derselben
und liess dieselbe auch in seiner Residenz auf der Moritz-
burg zu Halle predigen. Auch andere Zugeständnisse machte
er den Protestanten, wie er denn zu Magdeburg 1561 ihnen
die Domkirche überliess. Während er jedoch in der Stadt Halberstadt in religiöser Beziehung jede Berührung mit den
noch immer streng katholischen Dom- und Collegiatstiften
vermied, hielt er es für seine Pflicht, die Zustände im übrigen
Stift, die mannigfach in Unordnung geraten waren, zu
ordnen.

Seit 1540 hatte zwar die evangelische Lehre im Stift
immer mehr Eingang gefunden, aber wenn auch die Bischöfe
derselben seit der Zeit keine Hindernisse mehr entgegen-
stellten, so veranlassten sie doch auch keine Neuordnung der
Verhältnisse. So kam es, dass jede Gemeinde sich selbst
organisierte, und dass dabei mannigfache Uebergriffe[1]) hinsichtlich der Pfarrgüter und anderer Angelegenheiten vor-
kamen, ist natürlich. Daneben aber bedurften auch die sittlichen Zustände eines energischen Eingreifens. Denn in Stadt
und Land waren dieselben noch recht schlimm. Bischof
Johann Albrecht hatte ja zwar den Versuch gemacht, gegen
dieselben einzuschreiten[2]), aber seine Regierung war zu kurz,
als dass er selbst durch energischeres Vorgehen bei der
Grösse der Misstände dauernde Erfolge hätte erzielen können.
Bischof Sigismund jedoch hatte schon 1557 den Versuch unternommen in der Stadt diese Zustände zu bessern. Er beauf-
tragte[3]) damals seinen Statthalter v. Mansfeld und seine

---

1) Vgl. N e b e, Kirchenvisitationen S. 14 f.
2) Vgl. S. 36.
3) Instruction des Bischofs Sigismund an Mansfeld betr. Reforma-
mation der Geistlichkeit. 1557 Sept. 1. Concept. od. Copie [Das ursprüngliche Datum Montags nach Reminiscere — 15. März ist durch-
gestrichen. Das Concept wurde also wohl schon damals abgefasst, die
Instruction aber erst im Sept. erlassen.] St. A. M. Stift u. Fürstent.
Halberst. II 844.

Raete, dem Domcapitel die in der Geistlichkeit eingerissenen
Schäden ernstlich vorzuhalten und es zur Abstellung derselben dringend zu ermahnen. „Im Stift, heisst es in der
Instruction, reisst die Unzucht immer mehr ein, selbst bei
solchen, denen es vor allen Dingen zukäme, dergleichen zu
strafen. Die Geistlichen tragen nicht allein unpassende
Kleidung, sondern ihre Kinder, die sie ausserehelich gezeugt,
sowie die unzüchtigen Mütter laufen geschmückt mit Gold
und Perlen umher, etliche lassen sich auch Dienerinnen folgen, so dass man sie für ehrbare Frauen hält (!) und ihnen
Reverenz erweisst. In Folge dieses Aufwandes steigern die Geistlichen die Aecker und Güter, die die Bürger von ihnen in
Pacht haben, ganz unerhört, ja sie versehen ihre „Köchinnen"
und Kinder mit eigenen Häusern und Gütern, verleihen ihnen
Aecker und Zehnten, so dass den Bürgern ihre Nahrung entzogen wird."

Leider wissen wir nichts über den Erfolg der Verhandlungen. Es scheint wenigstens das erreicht zu sein, dass
einige der schreiendsten Misstände, vor allem jener Grad
der Schamlosigkeit der Weiber, beseitigt wurden, da zu der
Zeit des Bischofs Heinrich Julius davon doch nicht mehr
die Rede ist.

Aber auch auf dem Lande herrschte noch vielfach Unordnung und Unsittlichkeit. Es galt, hier Ordnung zu
schaffen, die Misstände zu beseitigen. Zugleich aber musste
man auch feststellen, wie weit die evangelische Lehre durch-
gedrungen sei, etwaige Ungehörigkeiten in Lehre und Wandel
der Geistlichkeit mussten abgestellt werden. So wurde auf
dem Landtage zu Calbe 1561, vielleicht auf Drängen der
Städte und der Ritterschaft[1]), eine Kirchenvisitation beschlossen; für Halberstadt begann dieselbe im Jahre 1564[2]).

---

1) Im Chron. Ascan. bei Abel S. 624 findet sich eine Notiz,
1560 hätten Ritterschaft und Städte beider Stifte um völlige
Reformation gebeten.

2) Die Namen der Visitatoren geben das Chron. Halberst. S. 413 f.

Die Visitationsartikel[1]) verlangen vor allem, dass alle Lehrer und Kirchendiener gemäss der Augsburgischen Confession lehren und sich halten sollen. Alle durch dieselbe verdammten Secten sollen streng unterdrückt werden; fleissig sollen die Pfarrer ihre Pfarrkinder unterrichten. Von den katholischen Ceremonien wird Manches, wie das Tragen von Messgewändern, lateinisches Singen, noch gestattet, Vieles dagegen, wie Monstranz, elevatio und adoratio verboten. Besonderer Wert wird dann auch auf die Disciplin gelegt, den Superintendenten besonders die Aufsicht über Leben und Lehre der ihnen unterstellten Geistlichen zur Pflicht gemacht. Ferner wird genau vorgeschrieben[2]), in welchen Fällen sie einschreiten sollen. Auch die geistliche Strafgewalt wird umgrenzt[3]). Am 3. December 1564 war die Visitation im Stifte Halberstadt beendet. Die Resultate[4]) waren in sofern günstige zu nennen, als — Stiftskirchen und Klöster natürlich ausgenommen — im ganzen Stift nur noch drei katholische Gemeinden vorhanden waren: Hamersleben und Gunsleben im Amte Oschersleben und Walbeck im Amte Weferlingen. Jedoch waren noch immerhin dreissig Geistliche im Papstthum ordiniert — über ein Drittel aller angestellten Pfarrer; in ihrer Lehre und ihrem Wandel waren noch bedenkliche Mängel aufzuweisen. Die Pfarrer zu Aspenstedt, Eilsdorf und Walbeck lebten in öffentlichem Concubinat; zu Dingelstedt bezog das Einkommen der Pfarrkirche der Sohn eines Pfaffen; der Mönch, der zu Guns-

---

und Chron. Ascan. S. 623 nur teilweise richtig; die richtigen Namen nach den Protokollen hat Nebe a. a. Orte.

1) Im Auszuge bei Richter, evangelische Kirchenordnungen. II 228 ff.

2) Es heisst in der Instruction: Säufer, Spieler, Unzüchtige, Haderer, Wucherer, Jäger und Vogelsteller sollen ermahnt, und wenn das nicht hilft, abgesetzt werden.

3) Der Bann darf von den Pfarrern nur nach vorausgegangener Erkenntniss des Consistoriums verhängt werden.

4) Vgl. darüber ausführlich Nebe S. 16.

leben die Pfarre verwaltete, wurde als „epicurische Sau"
bezeichnet. Aehnliches zeigte sich an vielen Orten des
Stiftes. Auch hier scheinen in manchen Punkten Verbesse-
rungen eingetreten zu sein. Dafür sprechen die Resultate
der Kirchenvisitation, welche Heinrich Julius 1589 anstellen
liess. Zwar lebten auch damals noch zwei Pfarrer — zu
Bersell und Wolfenstedt — unzüchtig, obwohl sie evangelisch
und verheiratet waren, im Allgemeinen aber hatte sich doch der
sittliche Zustand auf den Dörfern und in den Flecken Hand
in Hand mit der Ausbreitung der evangelischen Lehre gebessert. Kaum dass die Visitatoren denselben irgendwo zu
tadeln hatten.

Ob nach dieser Visitation Sigismund daran dachte,
offen mit der Reformation vorzugehen, ist nicht sicher[1]);
er starb, ehe er etwaige derartige Pläne zur Ausführung
bringen konnte, am 13. September 1566. Sigismund hinter-
liess das Werk der Reformation, das zu vollenden ihm Zeit
und Entschlossenheit mangelte, einem thatkräftigen Fürsten,
der es trotz einer für den Protestantismus ungünstigeren
Zeit zum Abschluss brachte, H e i n r i c h J u l i u s, Enkel
des regierenden Herzogs von Braunschweig-Wolfenbüttel.

---

1) Dafür spricht nur die Notiz im Chron. Halberst. S. 118, nach
der Sigismund 1566 seinen Gesandten auf den Reichstag die Weisung
mitgegeben haben soll, dem Kaiser zu eröffnen, dass er die Reformation in seinem Lande fortsetzen und nicht davon ablassen werde. Nach
S.'s zurückhaltender Politik während seiner ganzen Regierung ist diese
Erzählung in der Form wohl kaum als richtig angesehen. Etwas Wahres
mag immerhin daran sein, und dieses muss dann wohl den Erfolgen
der Visitation und der Ermunterung durch die Stände zugeschrieben
werden. R a n k e, Zur Deutschen Geschichte 2. Aufl. S. 41 giebt allerdings
die Nachricht, dass Sigismund sich vor Kaiser und Reich zu der ge-
reinigten Lehre bekannt habe, doch geht diese Notiz, die R. aus einem
Bedenken des Hamelius v. 1596 schöpft, noch immer nicht so weit, wie
die Angabe des Chron. Halberst.

Zweiter Abschnitt.

Die Vollendung der Reformation
im Stifte Halberstadt

durch Bischof Heinrich Julius, Herzog von
Braunschweig -Wolfenbüttel.

1566—1613.

I.

Durch die erste Hälfte des 16. Jahrhunderts ziehen sich fortwährende Streitigkeiten der Herzöge von Braunschweig-Wolfenbüttel mit den Bistümern Hildesheim und Halberstadt, die beide freilich für das Herzogtum unbequem gelegen waren, da sie tief in dasselbe einschnitten und es in zwei kaum zusammenhängende Teile zerlegten. Es war daher nur natürlich, dass das Streben der Braunschweiger darauf gerichtet war, diese Gebiete, sei es auf friedlichem oder auf feindlichem Wege, in ihren Besitz zu bekommen. Desshalb sehen wir Heinrich den Jüngeren in beständigem Kampfe mit Hildesheim; desshalb bemühte sich schon 1513 Heinrich der Aeltere für einen seiner Söhne um den Halberstädter Bischofssitz [1]). Freilich hatte er damals keinen Erfolg, obwohl sich unter dem Domprobst Balthasar von Neustadt eine Partei für ihn gebildet hatte.

Bei dem Tode des Bischofs Sigismund wurden diese Pläne von dem damals regierenden Herzoge von Braunschweig-Wolfenbüttel, Heinrich dem Jüngeren, energisch wieder aufgenommen. Zwei Jahre vorher, am 15. October 1564, war ihm ein Enkel geboren, Heinrich Julius, und für diesen den Bischofsstuhl von Halberstadt zu erwerben, setzten er wie sein Sohn Julius alle ihre Bemühungen ein [2]).

---

1) Vgl. Chron. Halberst. bei A b e l S. 370.

2) R a n k e, „Zur deutschen Geschichte" 2. Aufl. S. 42 sagt wörtlich: „Den H e r z o g J u l i u s von Braunschweig erkannte der Kaiser in

Die Lage der Dinge war nicht ungünstig[1]). Denn das
Magdeburger Domcapitel hatte inzwischen den Enkel des
damals regierenden Churfürsten Joachim II. von Brandenburg
erwählt. Das noch vollständig katholische Domcapitel zu
Halberstadt aber war nicht geneigt, sich dieser Wahl anzu-
schliessen, da man schon mit dem vorigen Bischof zu Ende
seiner Regierung schlimme Erfahrungen gemacht hatte.
Heinrich der Jüngere dagegen war ein ein eifriger Anhänger
der katholischen Lehre und eine der besten Stützen derselben in Norddeutschland. Starke Bedenken mussten sich
jedoch auch wider ihn geltend machen. Heinrich's Sohn
war offener Anhänger der evangelischen Lehre, und seit durch
die 1564 erfolgte Aussöhnung mit dem Vater seine Nachfolge gesichert war, konnte wohl kaum ein Zweifel darüber
herrschen, welches das Schicksal seiner Erblande nach Heinrich des Jüngeren Tode sein werde[2]). Dieser aber
war damals schon hoch bejahrt. Es liess sich daher
nicht annehmen, dass er auf die Erziehung seines damals zweijährigen Enkels noch irgend Einfluss würde üben
können. Den Ausschlag gaben auch hier wieder persönliche
Rücksichten[3]). Wenn man von Grossvater und Vater des

Halberstadt an. Nur forderte er noch die Bestätigung des Papstes, und
der Herzog verzweifelte keineswegs dieselbe zu erhalten." Hat
man darin nur eine unklare Ausdrucksweise zu sehen oder einen Irrtum, der aus der früheren Auflage noch mit in die spätere herüber-
genommen wurde?

1) Vgl. über die folgenden Auseinandersetzungen: L o s s e n, Kölnischer Krieg I 129 ff.

2) Vgl. L o s s e n S. 128.

3) Ich möchte dies annehmen im Gegensatz zu L o s s e n S. 129, der
besonders das religiöse Moment in den Vordergrund stellt. Nur aus
dem Gesichtspunkte persönlicher Interessen lässt sich meiner Meinung
nach erklären, wie das Capitel doch schliesslich an Heinrich Julius festhielt. Auch bei der Capitulation von 1584 spielt der Geldpunkt wieder
eine Hauptrolle. Ein Irrtum ist es auch, wenn R a n k e, Die römischen
Päbste in den letzten 4 Jahrh. 6. Aufl. II S. 9 die Halberstädter Wahl
zusammenstellt mit der des Administrators von Magdeburg, da danach
anzunehmen wäre, dass ein evangelisches Capitel ihn als evangelischen
Bischof gewählt hätte.

Knaben ein Versprechen erlangte, dass derselbe katholisch
erzogen werden solle, so glaubte die kurzsichtige Politik des
Domcapitels dies für genügend ansehen zu dürfen. Wichtiger war ihm jedenfalls, dass, wenn man ein zweijähriges
Kind postulierte, die Aussicht einer langen Capitelsregierung
vorhanden war. Konnte man nun zugleich erreichen, dass
die Eltern auf einen Teil der dem Bischofe zukommenden
Einnahmen verzichteten, so erwuchsen daraus dem Stift bedeutende pecuniäre Vorteile. Das aber war bei der augen-
blicklichen Lage des Bistums nicht zu unterschätzen. Denn
Bischof Sigismund hatte anscheinend nichts dazu gethan, die
drückende Schuldenlast des Bistums zu verringern, und die
kurze Regierung seines Vorgängers hatte auch nur wenige
Erleichterungen bringen können. Unter der neuen Regierung
konnte man hoffen, einen Teil der verpfändeten Güter ein-
zulösen, die Verhältnisse des Bistums einigermassen zu ordnen.
Nicht ohne Einfluss auf die Wahl blieb auch wohl der Gedanke, dass die Wahl eines braunschweigischen Prinzen dazu
beitragen würde, den ewigen Grenzstreitigkeiten mit den
braunschweigischen Herzögen ein Ende zu machen.

So kam denn im October 1566 die Postulation des jungen
Heinrich Julius zum Bischof von Halberstadt zu Stande auf
Grund einer Capitulation, die das Domcapitel mit dem Herzoge
Heinrich dem Jüngeren und dessen Sohne am 20. October 1566

---

1) Mehrfache Copien und Concepte. St. A. M. Stift und Fürstentum Halberstadt II 325. Ich gebe im Folgenden die Bestimmungen
der Capitulation ausführlich, weil, wie L o s s e n S. 129 bemerkt, dieselbe
wenig bekannt zu sein scheint, und die meisten Angaben darüber irrig
sind. So A b e l, Stifts-Chronik von Halberstadt S. 502, R e h t m e y e r,
Braunschweig-Lüneb. Chronik S. 957, L e u c k f e l d, Antiq. Grön.
S. 58, H ä b e r l i n R. II. VI 443, die wohl alle aus einer Quelle
schöpfen. Sie geben alle an, dass bestimmt worden sei, das Domcapitel solle die Regierung des Stifts die nächsten 12 Jahre führen,
H. J. während dieser Zeit mit einem Jahresgelde von 1000 Joachims-
thalern sich begnügen. Diese Nachrichten sind wohl daraus entstanden,
dass H. J. factisch nach 12 Jahren — 1578 — in das Stift eingeführt
wurde. Vielleicht wurde von herzogl. Seite die Sache auch später so
dargestellt. Darauf scheint hinzudeuten, dass B o d e m a n n a. a. O.

schloss [1]). Beide erklären in derselben die Postulation ihres Enkels und Sohnes, die das Capitel der Schulden wegen und vorbehaltlich päbstlicher Confirmation vorgenommen habe, annehmen
zu wollen, Capitel und Ständen jeglichen Schutz angedeihen
zu lassen und alle Kosten zur Erlangung der Confirmation
und der Regalien selbst zu tragen. Sollte wider Erwarten
Dispensation und Confirmation ausbleiben, so wollen sie dem
Capitel das Stift zu freier Hand resignieren, doch soll dabei
ihres Sohnes und Enkels „nicht vergessen werden"[1]). Trifft
aber die Bestätigung ein, so soll Heinrich Julius in geistlichem Stand erzogen werden und geistliche Kleidung tragen,
wie es sich für einen Bischof von Alters her geziemt. Auch
wollen sie ihn „mit studieren und andern genugsamblich
qualificieren und geschickt machen, damit der alte catholi-
sche gottesdienst wie der gestiftet und von alters von zeitten
der apostell herbracht und gegrundet und in ubung gewest
zum allerzierlichsten gehalten und volnbracht werde". In
geistlichen Angelegenheiten soll er dem Pabst, in weltlichen
dem römischen Kaiser schuldige Pflicht und Gehorsam leisten
gemäss der „heiligen, christlichen, römischen Kirchenordnung",
gemäss den Beschlüssen des Tridentiner Conzils und des
Religionsfriedens in seinem Stift keine Neuerung vornehmen.
Sollte Heinrich Julius weltlich leben wollen, so soll er das
Stift dem Capitel ohne jegliche Bedingung resignieren und
cedieren. Da ferner der Postulierte noch minderjährig ist,

---

die Angabe von den 12 Jahren gleichfalls hat nach einem (augenscheinlich
amtlichen) Bericht der Einführung von 1578. Hier heisst es auch, dass
die Erziehung in der papistischen Religion wider Willen Herzogs Julius
geschehen sei und dass nach heftigen Kämpfen das Capitel davon abgesehen und nur die primos ordines verlangt habe, auch allmählich
immer nachsichtiger gegen die protestantische Erziehung geworden sei.
Augenscheinlich ist dieser ganze Bericht entweder direct auf Wunsch
des Herzogs oder doch in seinem Sinne gefärbt.

Die richtige Angabe findet sich merkwürdigerweise vereinzelt in
dem Chronicon Ascaniense bei Abel S. 627.

1) Dieser Zusatz fehlt in einer zweiten Copie (fol. 7—19). Vielleicht verzichtete man herzoglicherseits als unnötig darauf.

wollen sich Grossvater und Vater weder in geistlichen noch
in weltlichen Dingen in die Verwaltung des Stiftes mischen,
sondern die Regierung dem Domcapitel überlassen bis Heinrich
Julius 18 Jahr alt geworden ist. Um auch dem Domcapitel
aus seinen Schulden zu helfen, verzichten sie für den Postulierten bis zu dessen Volljährigkeit auf die ganze Bestallung
und die Einkünfte aus den Domainen. Nach Uebernahme
der Regierung soll Heinrich Julius zwei Domherrn und „des
stiftes landsassen" zu Räten nehmen. Es soll ferner der
Postulierte bei seinem Regierungsantritt alle Artikel, Pacta
und Capitulationen seiner Vorgänger bestätigen, widrigenfalls
ihm das Capitel Eintritt in das Stift und Huldigung soll ver-
sagen dürfen. Die Grenzstreitigkeiten zwischen Braunschweig
und dem Stift sollen durch Abgesandte beider Parteien end-
gültig entschieden werden und zwar so, dass das Stift
Halberstadt dabei keinen Schaden erleide. In Betreff der
Streitigkeiten des Stiftes mit dem Churfürsten von Brandenburg wegen der Lehen der Häuser und Städte Derneburg und
Wernigerode will Braunschweig vermitteln. Nach erlangter
Confirmation soll auch eine Vergleichung mit dem Domcapitel
geschlossen werden betreffs Verleihung der Prälaturen, des
Archidiaconats, der Präbenden, Lehen, Pfarren und weltlichen
Rittergüter; die geistlichen Lehen und Prälaturen sollen
gratis, die weltlichen für das ziemliche Lehengeld verliehen
werden, das letztere soll für arme Unterthanen und Stifts-
schulden verwandt werden. Heimfallende Ritter- und Lehen-
güter sollen nicht wieder verliehen, sondern zur Verbesserung
des bischöflichen Tisches verwandt werden. Tischgüter, die
ohne des Domcapitels Consens in jüngster Zeit verliehen
worden sind, darf das Capitel wieder an sich ziehen und zur
Verbesserung der bischöflichen Tafel verwenden.

Dieser Capitulation wurden dann noch in 56 Puncten die
Bestimmungen angehängt, welche gemäss früherer bischöf-
licher Freiheiten und Verordnungen das Domcapitel aufgestellt hatte, und die von Heinrich dem Jüngeren und Julius

4

Namens der Postulierten bestätigt wurden. Es handelt sich darin um Schutz und Hülfe, Verpfändung, Verkauf und Einlösung von Stiftsgut, um Bestimmung über Vögte, Juridiction, Lehen u. a. [1])

So war durch die kurzsichtige Interessenpolitik des Halberstädter Domcapitels die Wahl dessen zu Stande gekommen, der im Mannesalter entscheidend in die Entwicklung der religiösen Verhältnisse eingriff und dieselben zu einem vorläufigen Abschluss brachte. Freilich musste nun gemäss der Capitulation erst die Confirmation des Pabstes erlangt werden, und Herzog Heinrich scheint wirklich keinen Zweifel gehegt zu haben, dass diese erfolgen würde, zumal es ihm ja auch zweifellos Ernst war mit den in der Capitulation gegebenen Versprechungen. Die Politik der Curie aber war weitsichtiger als die des Domcapitels zu Halberstadt. Ohne Zweifel war man sich zu Rom der Gefahren wohl bewusst, die in der Wahl des jungen Heinrich Julius lagen. Man gab sich dort nicht dem naiven Glauben hin, dass Herzog Julius nach dem Tode seines Vaters das dem Capitel hinsichtlich der Religion gegebene Versprechen sonderlich respectieren würde, kannte man doch die Hartnäckigkeit, mit dem er seinen religiösen Standpunct gegenüber dem erbitterten Vater gewahrt und schliesslich zum Siege gebracht hatte. Freilich musste man in dieser Angelegenheit von Rom aus vorsichtig zu Werke gehen. Denn immerhin liessen sich die Verdienste Herzog Heinrichs des Jüngeren um die katholische Kirche nicht unterschätzen, und ihn direct zu beleidigen ging daher, wenn auch sein kirchlicher Eifer in den letzten Jahren nicht mehr so sicher war,[2]) doch nicht wohl an. Es ist nicht unwahr-

---

1) Bemerkenswert ist unter andern Art. 41, in dem es heisst, dass der Bischof ohne Zustimmung des Domcapitels in Stadt und Stift Halberstadt keine Bruderschaften erlauben solle, ferner Art. 53, nach dem der Bischof ohne Willen des Domcapitels das Stift „niemand lassen noch an niemand bringen" darf, er sei ein Coadjutor oder sonst ein anderer.

1) Ob schon in jener Zeit die Gerüchte über den Uebertritt H. d. J. zur evangel. Religion auftauchten, die später häufig cursierten, weiss

scheinlich [1]), dass man in Rom sogar die Bestätigung des zwölfjährigen Ernst von Bayern zum Bischof von Freising mit aus dem Grunde verzögerte, um damit nicht den einzigen Grund, den man Braunschweig gegenüber zur Verweigerung der Bestätigung anführen konnte — den der Minderjährigkeit des Postulierten — aus der Hand zu geben. Wir wissen nicht, wie bald nach der Postulation sich das Domcapitel und Herzog Heinrich an die Curie um Bestätigung derselben wandten, am 21. März 1567 erfolgte die Antwort [2]). Pius V sandte zwei Breven an das Halberstädter Domcapitel und an Herzog Heinrich. Der Inhalt beider ist ziemlich der gleiche. Im allgemeinen, heisst es darin, habe der Pabst nichts gegen die Wahl des Heinrich Julius einzuwenden, da ja sein Grossvater als gut katholisch bekannt sei, aber es verstosse doch gegen den kirchlichen Gebrauch, dass ein Kind zum Bischof postuliert werde. Wenn Heinrich Julius herangewachsen sei, könnten sie ihn ja wählen, jetzt aber sollten sie einen erwachsenen, katholischen, einsichtigen Mann erwählen „qualem tam calamitosa tempora efflagitant". Unter Angabe der gleichen Gründe wurde Herzog Heinrich aufgefordert, von der Postulation seines Enkels vorläufig abzustehen.

Sehr geschickt ohne Zweifel hatte sich der Pabst aus dem Dilemma gezogen. Indem er die Bestätigung des jungen Herzogs versagte, anerkannte er die Verdienste des Grossvaters um die katholische Kirche, und indem er nur das Fehlen des kanonischen Alters als einzigen Grund der Nichtbestätigung angab, machte er zugleich Hoffnung, dass er nach Ueberwindung dieses Hindernisses seine Einwilligung nicht länger vorenthalten werde. Die letztere Zusage konnte

---

ich nicht zu sagen, reellen Hintergrund haben sie jedenfalls niemals gehabt.

1) Vgl. L o s s e n S. 81 f.

2) Diese und das spätere Breve Pius V bei L ü n i g R. A. Spec. cccl. Contin. III Anhang Nro. 51—53.

Pius V freilich ruhig geben, denn wenn bis zur Erreichung
des kanonischen Alters das Versprechen der katholischen Erziehung gehalten wurde, und dann überhaupt von religiösem
Standpuncte nichts gegen Heinrich Julius einzuwenden war,
so konnte man ihm das Bistum ja immerhin anvertrauen.

Wahrscheinlich auf Antreiben des Herzogs remonstrierte
das Domcapitel gegen das Breve des Pabstes [1]), ohne damit
etwas anderes zu erreichen, als dass der Pabst unter Angabe
derselben Gründe — nach nochmaliger Ueberlegung — wie
er schreibt, zu demselben Resultate wie in dem ersten
Breve kam.

Herzog Heinrich scheint jedoch dadurch nicht entmutigt
worden zu sein, denn wenige Tage später bemühte er sich
nach dem Tode des Bischof R a m b e r t von Paderborn für
seinen Enkel um dieses Bistum, freilich ohne Erfolg: am
22. Febr. wurde Johann v. Hoya dort gewählt [2]).

Wenige Monate später starb Herzog Heinrich der Jüngere
(11. Juni 1568) und Herzog Julius folgte ihm in der Regierung des Herzogtums Braunschweig-Wolfenbüttel. Dem
jungen Regenten musste es schon längst klar geworden sein,
aus welchem Grunde die Confirmation von Seiten der Curie
ausgeblieben war, zumal der Pabst inzwischen Ernst v. Bayern
dieselbe gewährt hatte. Da der Herzog nun wirklich dazu
schritt, in seinem Lande die Reformation zu vollenden, so
konnte er sich nicht verhehlen, dass er damit die Stellung
seines Sohnes bedeutend erschweren, ja ernstlich gefährden
würde. Hatten doch nach der Capitulation die Domcapitularen das unzweifelhafte Recht, schon jetzt, nachdem die
Bestätigung zwei Jahre nicht erfolgt war und nach den päbstlichen Breven auch nicht zu erwarten stand, zu einer Neuwahl
zu schreiten. Dieses musste zunächst verhindert werden [3]).

---

1) Das Schreiben ist nicht erhalten, der Inhalt desselben geht aber
einigermassen aus der Antwort des Pabstes vom 8. Feb. 1568 hervor.

2) Vgl. L o s s e n S. 230 f.

3) Die folgende Darstellung hauptsächlich nach Lo s s e n S. 364 ff.

Herzog Julius erreichte wenigstens vorläufig von dem Domcapitel ein Versprechen, bis zum Aeussersten an der Postulation
des jungen Heinrich Julius festhalten zu wollen. Damit begnügte
er sich vorläufig, ja er gab sich schon wieder neuen, hoch-
fliegenden Plänen hin. Nach dem Tode des Bischofs Bur-
kard von Hildesheim (1573) schien sich ihm nämlich
die Gelegenheit zu bieten, auch dieses Stift in seine Hand
zu bringen. Eifrig bemühte er sich darum, ohne freilich hier
etwas anderes zu erreichen als sein Vater in der Paderborner
Angelegenheit. Das Capitel wählte Ernst von Bayern[1]) und
zwar entschieden mit Rücksicht darauf, dass es gegen die
braunschweigischen Gelüste gesichert sein wollte[2]). Darin
aber lag, ganz abgesehen von der Niederlage, die Herzog
Julius hier erlitten hatte, eine doppelte Gefahr für das Stift
Halberstadt. Einmal — und das war das nächstliegende —
stand zu fürchten, dass das Domcapitel, damals doch noch
zum grössten Theile streng katholisch, an dem Hause
Bayern, dessen Nachbar man so gewissermassen geworden
war, gelegentlich Rückhalt suchen und finden würde; sodann aber war nicht unwahrscheinlich, dass Bayern, dessen
erwerbgierige Hauspolitik nur zu bekannt war, auch seinerseits sich bemühen würde, Halberstadt in seine Hand zu
bringen. Solange vom Pabst die Confirmation für Heinrich
Julius nicht erlangt war oder solange nicht andere Schritte
zur Sicherung der Stellung derselben geschehen waren, stand

---

1) Genaueres hierüber bei Lossen S. 141 ff.
2) Dies bestätigt eine Bemerkung in St. A. M. Stift im Fürstent.
Halberst. II 256, Verzeichnis und Bericht, wie es mit etlichen Erz-
und Bisthümern in Deutschland beschaffen. Copie. Undatiert. (Stammt
jedenfalls aus den Jahren 1578—85. Wahrscheinlich ist es ein Gutachten des Halberstädter Domcapitels an den Kaiser. Darauf deutet
die Dorsualbemerkung: Des stiffts halberstadt in sachsen bericht und
bedenken I. kays. Majest. inbracht) Hier heisst es: Hildesheim hat einen
Herzog von Bayern zum Bischof, der auch schon Bischof von Freising
ist, berufen, desshalb, um das zerrissene Stift aus den Händen der Herzoge von Braunschweig zu befreien.

diese Gefahr drohend vor der Thür. Da schien plötzlich
die Gelegenheit günstig, die Confirmation des Papstes zu erlangen, und Herzog Julius liess diese Gelegenheit nicht un-
genutzt vorübergehen. Bischof Hermann von Minden nämlich,
der der alten Lehre durchaus keinen grossen Eifer entgegen
brachte, war — vielleicht allerdings nur aus Unkenntnis
der Lage — von Gregor XIII bestätigt; daran knüpfte
Julius seine Hoffnungen. Das Domcapitel musste sich mit
einem Bittschreiben an die Curie wenden; der Herzog
selbst zog bei dem päbstlichen Nuntius zu Köln Erkundi-
gungen ein, auf welche Weise er die Confirmation seines
Sohnes erlangen könne. Gregor XIII aber hatte indess ander-
weitig über das Stift Halberstadt beschlossen. Zwischen
Rom und München waren schon seit einiger Zeit Verhandlungen angeknüpft, die sich mit der Erwerbung des Stiftes
Halberstadt für Bayern beschäftigten[1]). Die Verhandlungen
waren schon so weit gediehen, dass man in München deshalb
sogar den Gedanken an Erwerbung des Bistums Augsburg
aufgab, um sich auf Halberstadt concentrieren zu können.
Gregor XIII verlangte daher, anstatt Heinrich Julius zu bestätigen, von dem Halberstädter Domcapitel eine neue Wahl:
denn nur wenn durch eine solche Herzog Ernst zum
Bischof von Halberstadt bestimmt würde und nicht durch das
päbstliche Devolutionsrecht, wollte Herzog Albrecht die Wahl
für seinen Sohn annehmen. Was sollte nun das Halberstädter Domcapitel hierauf erwidern? Antwortete man be-
jahend, so geriet man unmittelbar mit Herzog Julius in
schweren Conflict, der bei dessen Hartnäckigkeit und der Unge-
wissheit einer energischen Hülfe von Seiten des Bischofs von
Hildesheim für das Stift bedenklich verlaufen konnte. Auf
der andern Seite durfte man hoffen, dass Herzog Julius gegenüber der entschiedenen Stellung der Curie in manchen Puncten
zum Nachgeben bereit sein würde. Man legte daher dem

---

1) Vgl. Lossen S. 345.

Herzog das päbstliche Breve vor. Dieser verteidigte sich
sofort energisch gegen die in demselben enthaltenen Vorwürfe und liess zur Beglaubigung mit seinem Sohne eine
Prüfung anstellen. Bei dem päbstlichen Nuntius beklagte er
sich über jenes Breve und gab die Versicherung, seinen Sohn
in Köln studieren lassen zu wollen. Von dem Capitel erreichte
er, dass dieses an den Pabst ein Schreiben richtete, in dem
es die Postulation mit der Lage der Verhältnisse entschul-
digte und um Duldung derselben bat, bis der Postulierte
erwachsen sei. Vielleicht aber wirkte der streng katholische
Teil des Domcapitels unter F r i e d r i c h v o n B r i e t z k e
unterdessen in Hildesheim zu Gunsten des bayrischen Her-
zoges [1]) und rief dadurch an der Curie den Glauben hervor,
dass das Domcapitel bei energischem Drängen den Postulierten fallen lassen werde. In diesem Sinne wurde das päbstliche Antwortschreiben erlassen. In der That schien die Sache
zu gelingen, denn wirklich suchte nun das Domcapitel Herzog
Julius zu freiwilligem Verzicht für seinen Sohn zu bewegen.
Die Curie aber und die bayrische Partei hatten sich in dem
Herzog arg verrechnet. Julius wusste wohl, dass ihm, der
mit dem Kaiser persönlich sehr gut stand und diesen stets
unterstützt hatte, von Seiten des Reiches bei einem etwaigen
Kampfe keine Gefahr drohe, und er ging um so energischer
vor, da er sah, dass auf gütigem Wege vom Pabste nichts
zu erreichen sei. Ohne sich viel um das päbstliche Breve,

---

1) Diese Ansicht wird wahrscheinlich dadurch, dass nach L o s s e n
S. 367 f. die hildesheimischen Domherrn Horneburg und Körnlein der
Ansicht waren, dass das halberstädtische Domcapitel selbst wünsche,
dass von Rom in sie gedrungen würde. Es wäre nicht unmöglich, dass
die energischen Domcapitularen dadurch gehofft hätten, auch den andern
unentschlossenen und zu Braunschweig neigenden Teil zu gewinnen.
Damit zusammenzuhalten ist die Nachricht bei B o d e m a n n S. 242,
nach welcher die Herren des Domcapitels, besonders die ältesten gegen
die protestantische Erziehung des Bischofs noch öfter kämpften und
deshalb allein die Confirmation und Dispensation beim Pabst verhin-
derten und hintertrieben. Daraus wäre auch die nun folgende päbstliche Antwort zu erklären.

das er als erschlichen bezeichnete, zu bekümmern, wies er
einfach auf das Beispiel anderer Bistümer hin und verlangte
schliesslich von dem Capitel ein Schreiben an den besser zu
unterrichtenden Pabst zu senden. Und wirklich gab das
Capitel dieser energischen Sprache nach. Entledigte es sich
seiner Zusage hinsichtlich des Schreibens auch in ziemlich
einfältiger Weise [1]), so war der Zweck doch dadurch erfüllt,·
der Pabst wie Albrecht von Bayern sahen sich in ihren Ansichten von den halberstädtischen Zuständen getäuscht und
traten den Rückzug an. Gregor XIII suchte sein Ansehen
nur dadurch einigermassen zu retten, dass er darauf drang,
dass Heinrich Julius eine katholische Universität beziehe,
womöglich selbst nach Rom komme.

So war die nächste Gefahr glücklich überstanden, aber
es hatte sich doch bei dieser Gelegenheit gezeigt, wie wenig
sicher die Stellung des jungen Bischofs noch immer war.
Schritte mussten geschehen, dieselbe vor allen im Innern,
dem Domcapitel gegenüber zu festigen. Von der Curie —
das war unverkennbar — war nicht eher etwas zu erreichen, als bis Julius einige der Versprechungen erfüllte,
seinen Sohn wenigstens auf eine katholische Universität
schickte. Es unterblieb dies aber wahrscheinlich schon
aus dem Grunde, weil Herzog Julius bei dem jugendlichen
Alter seines Sohnes die Folgen eines solchen Schrittes zu
fürchten hatte.   *

Leichter schien es bei den persönlich guten Beziehungen,
in denen Julius mit Maximilian II stand, von diesem einen
Indult zu erlangen. Und in der That waren diese Bemühungen
nicht resultatlos [2]): am 9. April 1576 erfolgte vom Kaiser ein

---

1) Vgl. Lossen, S. 369.

2) Von welcher Seite die Behauptung aufgestellt wurde, dass Herzog
Julius den Erfolg hauptsächlich dem Versprechen eines Darlehens von
50 000 Thlrn. an Maximilian II verdanke, ist leider bei Lossen S. 371
nicht angegeben, unwahrscheinlich ist es nicht, dass die Bemühungen
des Herzogs dadurch unterstützt wurden.

Indult, durch den Heinrich Julius die weltliche Administration
des Stiftes Halberstadt auf zwei Jahre übertragen wurde.
Viel war damit gewonnen, denn unzweifelhaft erhielt
dadurch der Postulierte gegenüber dem Domcapitel einen
festen Rückhalt. Auf der andern Seite liess sich allerdings
nicht läugnen, dass der Indult sich nicht ohne Weiteres mit
der Capitulation von 1566 vertrug. Eine besondere Ueber-
einkunft mit dem Domcapitel schien daher zur Sicherung
der Stellung nothwendig. Dieses muss sich, wohl noch im
Nachhall der verflossenen Ereignisse, sehr willfährig gezeigt
haben, denn schon am 26. Mai 1576 kam eine neue Vergleichung mit demselben zu Stande [1]. Sie wurde im Namen
des jungen Bischofs im Beisein seines Vaters geschlossen.
Nach derselben verpflichtete sich Heinrich Julius innerhalb
der zwei Jahre die Confirmation und danach die Belehnung
mit den Regalien nachzusuchen; die päbstlichen und kaiserlichen Rechte sollten inzwischen gewahrt bleiben und die
ganze Vereinbarung nur unbeschadet dieser und des Stiftes
Rechte gelten. Die Capitulation von 1566 will der Bischof
in allen Punkten einhalten, nach Ablauf seines Rectorates zu
Helmstedt sich auf die hohe Schule zu Köln oder Löwen begeben und vor allem diese Zeit zur Erlangung der Confirmation benutzen. Die Regierung soll das Domcapitel bis
zur erlangten Confirmation und bis zu des Postulierten acht-
zehnten Jahre jedoch „sub auspiciis et auctoritate" desselben
führen. Eine Reihe von Grenzstreitigkeiten zwischen Braunschweig und dem Stift sollen so beigelegt werden, dass
letzteres keinen Schaden leidet. Das Domcapitel dagegen
verpflichtet sich, Heinrich Julius von jetzt ab den Titel
„Postulierter zum Bischof zu Halberstadt" und das Wappen
zuzugestehen, die Regierung gemäss der oben angegebenen
Bestimmungen zu führen. In kirchlichen Angelegenheiten
wollen sie streng über Aufrechterhaltung der Bestimmungen

---

1) St. A. M. Stift u. Fürstent. Halberst. II 325 fol. 27—37. Copie.

der Capitulation und des Augsburger Religionsfriedens wachen, Jurisdiction und Haushaltung richtig verwalten. Trotz der Schulden des Stifts gestehen sie dann dem Postulierten ein Jahrgeld von 4000 Thalern zu, wie es heisst zur Förderung seiner Studien.

Um diesen Vertrag öffentlich bekannt zu machen und Irrungen zu verhindern, soll auf den 26. Juni ein allgemeiner Landtag ausgeschrieben werden, Indult, Postulation, Capitulation und dieser letzte Vergleich sollen dort verlesen und die Stände zur Annahme desselben aufgefordert werden.

Von beiden Seiten hatte man also Zugeständnisse gemacht, und wenn auch das Domcapitel formell durchaus an seinen Rechten festhielt, so war doch thatsächlich durch diese Vereinbarung eine Bresche in die Capitulation gerissen und ein Weg gebahnt, auf dem der Herzog Julius und später sein Sohn consequent vorschritten.

Ob der Landtag am 26. Juni zu Stande kam, ist unbekannt, die Huldigung des Landes fand auf einem Landtage, der am 2. October des Jahres zu Halberstadt abgehalten wurde, statt [1]).

Von den Versprechungen von Seiten des Postulierten wurde nur das gehalten, dass man die Regierung dem Capitel überliess, die Erziehung des jungen Bischofs fand ihren ruhigen Fortgang in der protestantischen Umgebung seines Vaters [2]); von Bemühungen um die Confirmation hören wir nichts, fanden solche, was nach den vorangegangenen Ereignissen kaum glaublich ist, statt, so waren sie jedenfalls ohne jeglichen Erfolg.

---

1) Vgl. Chron. Ascan. bei Abel S. 632, welchem, da es auch sonst, wie wir sahen, gut unterrichtet, auch wohl betr. dieser Angabe Glauben zu schenken ist.

2) Ueber die Erziehung des jungen Heinrich Julius vgl. Bodemann in Müllers Zeitschrift für deutsche Kulturgeschichte. Neue Folge. 1875.

II.

Es war einzusehen, dass durch die Erlangung des kaiserlichen Indults die Gefahr, das Stift Halberstadt zu verlieren,
wohl verringert, nicht aber völlig beseitigt war, da, wie
wir wissen, Herzog Julius in keiner Weise dem Pabste Ent-
gegenkommen zeigte. Konnte man auch vielleicht hoffen,
dass der Kaiser den Indult noch einmal erneuern würde, so
war damit die Sachlage doch nicht wesentlich gebessert, ja
das Verhältnis des jungen Bischofs zu seinem Stift musste
allmählich ein immer schieferes werden. Man musste daher
versuchen, seine Stellung auf eine andere Weise zu sichern.
Am einfachsten schien dieses geschehen zu können durch die
Einführung des Postulierten in sein Stift. Bald nach 1576
wird Herzog Julius mit dem Domcapitel deswegen Verhandlungen angeknüpft haben [1]). Das Domcapitel scheint darauf
bestanden zu haben, dass der kaiserliche Indult erneuert
werden müsse, und noch mehr darauf, dass der junge Bischof
in irgend einer Weise seinen geistlichen Stand qualificire,
indem er wenigstens die prima tonsura erhalte. Gerade gegen
diese letztere Forderung aber kämpfte Herzog Julius am hef-
tigsten. Denn abgesehen davon, dass ihm als Protestanten diese
Ceremonie bei seinem Sohne äusserst unangenehm sein musste,
konnte er sich wohl auch denken, welchen Sturm er dadurch
bei seinen Glaubensgenossen erregen würde. Die Bemühungen
des Herzogs in dieser Beziehung blieben jedoch fruchtlos,
und so entschloss er sich, um nicht alles zu verderben, auch
in diesem Punkte nachzugeben. Daraufhin kam das Ab-
kommen mit dem Domcapitel zu Stande [2]) und nachdem

---

1) Vgl. Bodemann a. a. O., der im Allgemeinen auch hier wieder
nach dem officiellen Bericht geht. Die Darstellung wird dadurch ver-
wirrt, dass er annimmt, dass 1578 die Capitelsverwaltung gemäss der
Capitulation abgelaufen sei (vgl. S. 47, Anm. 1) Die Angaben des officiellen Berichts über diese Verhandlungen sind mit Vorsicht aufzunehmen. S. unten.

2) Welche Gründe das Domcapitel dabei geleitet haben, ist mir nicht

Herzog Julius die Verlängerung des Indultes von Rudolph II,
wie es scheint, ohne Mühe erlangt hatte, erfüllte er am
27. November 1578 auch die andere Bedingung, indem er
an Heinrich Julius durch den Abt Johann von Huisburg die
prima tonsura vollziehen liess. Dabei legte er allerdings
sogleich Verwahrung dagegen ein, dass dadurch ein Uebertritt
zu der katholischen Religion geschehen solle. Am 7. und
8. December 1578 [1]) fanden darauf die Einführungsfeierlich-
keiten des Bischofs Heinrich Julius gemäss dem katholischen
Ceremoniell in der Domkirche zu Halberstadt statt [2]). Auch
hierbei verwahrte sich Herzog Julius im Namen seines Sohnes
gegen eine katholische Erziehung desselben, ja als gemäss
der Sitte die Messe gehalten werden sollte, verweigerten er
wie sein Sohn die Teilnahme an derselben und liessen sich
statt dessen unter lebhafter Beteiligung der evangelischen
Bevölkerung eine protestantische Predigt auf dem Petershofe
durch den früheren Lehrer des Bischofs Oppechimius
halten; den Eid schwor der junge Bischof nicht im Dom,
sondern auf dem Capitelshause. Zu einem Streite kam es
dann noch bei der Huldigung von Rat und Bürgerschaft.
Dieselbe sollte am Tage nach der Einführung stattfinden.
Früh am Morgen aber hatte sich Heinrich Julius mit seinen
Verwandten und dem Geleite in der Martinskirche eine evan-

---

sicher; schwerlich waren es, wie man später angab (vgl. B o d e m a n n,
Die Weihe und Einführung des Herzog Heinrich Julius etc.) „die gefähr-
lichen Practiken des Päbstlichen" auf das Stift. Diese können sich doch nur
auf die Bemühungen Bayerns beziehen, die das Domcapitel wohl kaum zu
jenem Schritte bewegen konnten. Etwas mehr Wahrscheinlichkeit hat der
Grund, dass man hoffte, die Jesuiten dadurch abzuhalten „die sich bei
der Sedisvakanz fast häufig angegeben und gern eingeschlichen waren",
da die deutschen Capitel — auch die streng katholischen — die Jesuiten
nicht liebten. Vgl. darüber L o s s e n an mehreren Orten. S t i e v e,
Politik Bayerns I. 277, 283 u. ö.

1) Chron. Halberst. S. 420 giebt fälschlich den 8. Oct. 1578. S a-
g i t t a r i u s, hist. Halberst. S. 97 den 9. Feb. Das richtige Datum
hat wieder das Chron. Ascan. S. 635.

2) Vgl. darüber den officiellen Bericht bei B o d e m a n S. 245—250.

gelische Predigt halten lassen. Unmittelbar darauf hätte die
Huldigung stattfinden müssen. Dagegen aber erhob das Domcapitel, das wohl schon gereizt war durch die offene Zurückweisung alles Katholischen, Einsprache. Man fürchtete
nämlich, dass dadurch ein Präcedenzfall geschaffen werden
würde, und dass bei späteren Wahlen von Rat und Bürgerschaft verlangt werden würde, dass vor der Huldigung der
Bischof eine Predigt in der Martinskirche anhören müsse.
Der Streit wurde dahin entschieden, dass erst 24 Stunden
später die Huldigung stattfand.

So hatte Heinrich Julius von seinem Stift thatsächlich
Besitz ergriffen, von nun ab hielt er sich hauptsächlich dort
auf und übernahm auch nominell die Regierung des Stifts,
wenn dieselbe in Wahrheit auch noch von den Räten und
dem Domcapitel geleitet wurde [1]). Es war dadurch die Capitulation von 1566 schon an mehr als einem Punkte durch-
löchert; nur die religiösen Zusagen desselben griff man
principiell noch nicht an. Inzwischen musste Herzog Julius
erfahren, wie wenig seine Glaubensgenossen geneigt waren,
auch nur die geringste Nachgiebigkeit gegenüber den Katholiken, das kleinste Zugeständnis an ihre Religion zu ver-
zeihen. Die Katholiken knüpften an die Erteilung der prima
tonsura die weitest gehenden Hoffnungen, einmütig aber stand
die evangelische Partei zusammen in ihrer Erbitterung über
jenen Schritt. Zunächst stellten die eignen Unterthanen den
Herzog zur Rede, schon acht Tage nach der Einführung übersandte die theologische Facultät der Universität Helmstedt,
bestehend aus den vier Professoren Th. Kirchner, Tile-

---

1) Dass H. J. die Regierung nominell damals schon erhielt, geht
daraus hervor, dass er 1591 von einer 13jährigen Regierung spricht.
(S. unten.) Dass die eigentliche Verwaltung aber doch nicht in seinen
Händen lag, geht hervor aus der Capitulation v. 30. Mai 1584 (s. unten),
in der es heisst: „weil wir dan auch als ein erwachsener furst unser
regiment selber in die hende nhemen". Ob die Verwaltung nun aber
hauptsächlich noch von dem Domcapitel oder von den herzoglichen
Räten geführt wurde, lässt sich nicht sicher angeben.

mann Hesshusius, Basil. Satler und Joh. Olearius,
ein ausführliches Gutachten an ihren Landesherrn [1]). Mit
Worten der heiligen Schrift, besonders der Apokalypse, wurde
in demselben sein Verfahren getadelt und als Malzeichen
des Antichrist hingestellt, auf Luthers Schriften und die
Concordienformel hingewiesen und die Befürchtung ausgesprochen, dass durch die Tonsur und die Einführung „ein
Loch in das Werk" gemacht würde. Schliesslich sprachen
die vier Theologen die Hoffnung aus, dass „solcher Fehl recht-
schaffen mit bussfertigem Herzen erkannt und abgeschafft
und ja nicht fucatis coloribus pingieret oder excusieret werde,
damit das Aergernis abgewandt und nicht ein grosser und
gefährlicher Riss in Kirchen und Schulen dieses Landes
erfolge".

Mit ähnlichen Gründen, aber in noch viel schärferer
Weise, suchte Martin Chemnitius in einem Schreiben
vom 19. Dec. [2]) Herzog Julius von der Sünde, die er auf
sich geladen, zu überzeugen. In Braunschweig, Lübeck,
Magdeburg wurde öffentlich auf den Kanzeln der Herzog
angegriffen, als Antichrist hingestellt [3]). Dieser aber war
durchaus nicht gewillt sich über das, was er nach reiflicher
Ueberlegung gethan, von andern Vorschriften und Vorwürfe
machen zu lassen: sehr energisch schrieb er an die Räte
der verschiedenen Städte, besonders hob er jedesmal seine
Anhänglichkeit an die evangelische Lehre hervor; Martin
Chemnitius aber fiel bei ihm wegen seiner Keckheit in Un-
gnade. In den Streit mischten sich dann auch protestantische
Fürsten. Am 27. Febr. 1579 richtete Herzog Ludwig von
Würtemberg ein Schreiben an Herzog Julius [4]), das doch

---

1) Vollständig gedruckt bei Bodemann S. 251—260.

2) Vollständig zuerst gedruckt bei Bodemann S. 261—271.
Frühere Drucke, wie bei Leuckfeld, Ant. Grön. sind schlechte Auszüge.

3) Vgl. die verschiedenen Schreiben des Herzogs darauf St. A. H.
Stiftssachen Halberst. Nr. 113.

4) Original St. A. H. Stiftsachen Halberst. Nr. 113. Vollständig

bedeutend milder gehalten war als die Kundgebungen anderer in dieser Angelegenheit. Ceremonien, wie sie bei der Einführung des jungen Bischofs vorgekommen, seien ja im Allgemeinen „indifferentes", blieben es aber nicht mehr, wenn sie Aergernis erregten wie hier geschehen sei. Damit den Katholiken nicht der Mut wachse, möge der Herzog doch nun beständig und fest bei der evangelischen Sache bleiben, dadurch würde auch der Streit am leichtesten beigelegt werden. Auch Landgraf Wilhelm von Hessen und Churfürst August von Sachsen gaben ihre Urteile in dem Streite ab, durch letzteren und den Theologen J a c. A n d r e a e wurde 1580 der Zwist einigermassen beigelegt — freilich nur äusserlich, die protestantische Partei hatte dadurch einen bedeutenden Riss erhalten, da Herzog Julius sich unmuthig von dem Concordienwerke zurückzog[1]). War so auch viel unnützer Staub aufgewirbelt und Zwist mit den Glaubensgenossen herbeigeführt, so konnte Herzog Julius doch auf der andern Seite mit dem, was er erreicht hatte, zufrieden sein. Zwar lockte er die Curie durch sein Nachgeben nicht aus ihrer kühlen Reserve heraus, aber ein stärkerer und directer Einfluss konnte, da man die Regierung jetzt selbst in Händen hatte, auf das Stift und das Domcapitel ausgeübt werden. Das Verhältnis zwischen dem Domcapitel einerseits und dem Postulierten und dessen Vater anderseits muss sich dann in den nächsten Jahren recht gut gestaltet haben, denn schwerlich hätte es sonst Herzog Julius unternehmen können, schon kaum vier Jahre nach der Einführung des jungen

---

gedruckt bei B o d e m a n n S. 272—276. Schon früher gedruckt bei S c h l e g e l , Kirchen- und Reformationsgeschichte von Norddeutschland II. Beilage No. XVIII. S. 630—633.

1) Da B o d e m a n n diese ganze Angelegenheit sehr ausführlich mit meist wörtlichem Abdruck aller einschlägigen Acten angiebt, konnte ich mich auf das Gesagte beschränken, zumal dieser Streit das Stift Halberstadt eigentlich kaum berührte ; viel wichtiger ist er, wie aus dem Gesagten schon hervorgeht, für die Reformationsgeschichte von Braunschweig.

Bischofs für diesen sich um ein zweites Bistum zu bewerben. 1582 resignierte nämlich Bischof Hermann von Minden auf sein Stift, und Herzog Julius bemühte sich sofort, auch dieses seinem Hause zu gewinnen. Seine Bemühungen hatten dieses Mal sehr rasch den gewünschten Erfolg, am 7. Juli 1582 wurde Heinrich Julius zum Bischof von Minden erwählt [1]); allerdings musste er auch hier versprechen, bei etwaiger Heirat das Stift dem Capitel zu freier Hand resignieren zu wollen. Natürlich suchte man auch für dieses Stift die Bestätigung des Pabstes zu erlangen, Ludwig Damius wurde zu diesem Zwecke noch 1582 nach Rom gesandt, auch hier wieder ohne Erfolg. Diese Bemühungen wurden dann auf dem Reichstag zu Augsburg 1582 durch seine Gesandten fortgesetzt, zugleich die für Halberstadt erneuert. Die dortigen Gesandten rieten jedoch zu vorläufiger Zurückhaltung, bis der Streit mit dem Administrator von Magdeburg entschieden sei, zumal man Heinrich Julius wegen Halberstadt nicht anfechte. Auch der Churfürst von Sachsen riet damals zu Geduld. Herzog Julius und sein Sohn scheinen danach weitere Bemühungen unterlassen zu haben; sie fühlten sich anscheinend der guten Gesinnungen der beiden Domcapitel gewiss, Heinrich Julius sprach dies in seinem Schreiben an seine Gesandten offen aus [2]). So konnte er denn 1584 auch wagen einen bedeutenden Schritt auf der betretenen Bahn vorwärts zu gehen. Längst hatte es sich entschieden, dass Heinrich Julius seinem Vater einmal in der Regierung folgen würde, und es schien daher nun auch an der Zeit, dass der junge Fürst sich verheirate. Direct trat er damit in Widerspruch zu den Wahlcapitulationen mit beiden Stiften; die Hoffnung auf päbstliche Confirmation musste er, soweit es nicht schon geschehen war, von da an jedenfalls aufgeben. Entschlossen aber ging er auf sein Ziel los. Dem Domcapitel von Minden gegenüber scheiterten allerdings seine Be-

---

1) Vgl. Häberlin R. H. XIV. 339 ff.
2) Vgl. Häberlin R. H. XIV. 356.

mühungen. Als dieses hörte, dass sich ihr Bischof mit Do-
rothea, Tochter des Churfürsten von Sachsen, verlobt
habe, bestand es auf seiner Abdankung, und Heinrich
Julius musste sich fügen. Das Halberstädter Domcapitel
dagegen zeigte weniger Selbständigkeit und Entschlossenheit, Heinrich Julius erreichte hier sein Ziel sehr bald.
Schon am 30. Mai 1584 kam dort eine neue Capitulation mit dem Domcapitel zu Stande [1]). Vor allem versprach der Bischof in derselben, dass alle nicht besonders
angeführten Puncte gemäss den früheren Capitulationen und
Vereinbarungen gehalten werden sollten. Sodann gab er von
Neuem eine Versicherung wegen der Religionsübung: jeder
Stand soll bei seiner Religion bleiben dürfen, Gottesdienst
und Ceremonien sollen nach dem Augsburger Religionsfrieden
geschützt werden, eine Aenderung nur unter Vorwissen und
Bewilligung der Obrigkeit, des Domcapitels und der Stände
vorgenommen werden dürfen. Ferner sollen für des Bischofs
Gemahlin dem Stifte keine besonderen Auflagen gemacht
werden. Bei dem Tode des Herzogs sollen seine Erben kein
Recht an das Stift haben, sondern es fällt dem Capitel zu
freier Wahl oder Postulation anheim, doch verspricht dieses,
das Haus Braunschweig-Wolfenbüttel dabei vor allen zu berücksichtigen. Ausdrücklich wird dann nochmals in mehreren
Puncten hervorgehoben, dass die Gemahlin des Herzogs aus
dem Stifte keine Einnahme weder zu Lebzeiten noch nach
dem Tode ihres Gemahls beziehen solle. Sodann will Heinrich Julius das Regiment selber führen, verpflichtet sich jedoch, in keiner Präjudicialsache ohne Vorwissen des Domcapitels zu entscheiden, auch keine höheren Aemter und
Würden ohne Wissen und Willen des Capitels zu besetzen,
vor allem Ausländer den Einheimischen nicht vorzuziehen.
Nach verschiedenen unwichtigeren Puncten wird dann versprochen, einen neuen Indult beim Kaiser nachzusuchen; dem

---

1) St. A. M. Stift u. Fürstent. Halberst. II 325. Fol. 64—66.
Concept od. Copie.

Capitel wird alleinige Administration des ganzen Stiftes zugesagt, wenn der Bischof ausserhalb desselben residiert. Schliesslich verpflichtet sich Heinrich Julius Namens des Hauses Braunschweig, das Domcapitel und das ganze Stift Halberstadt zu vertreten und zu schützen, wenn demselben von irgend Jemand, Hohem oder Niederem, wegen der Gestattung des Ehestandes Ungelegenheit bereitet werden würde.

Ein bedeutender Erfolg war durch diese Capitulation von dem Herzog errungen worden. Von der Erlangung der Confirmation bei der Curie war überhaupt nicht mehr die Rede, nur ganz nebenbei erschien das Versprechen, sich um einen kaiserlichen Indult bewerben zu wollen. Eine schwerwiegende Veränderung zeigt aber vor allen Dingen der Artikel hinsichtlich der Religion. Nie zuvor in den früheren Capitulationen war überhaupt der Gedanke an die Möglichkeit einer Aenderung in Religionssachen ausgesprochen, hier erscheint zum ersten Male der Zusatz, eine Aenderung solle nur geschehen dürfen mit Vorwissen und sonderlicher Bewilligung der Obrigkeit, des Domcapitels und der Stände. In der That ein wichtiger Schritt auf dem Wege zur Reformation! Denn die Stände, vor allen Städte und Ritterschaft, waren selbst zum grössten Teile schon damals protestantisch, und zeigte sich das Domcapitel nachgiebig wie bisher, so konnte man hoffen, auch dieses zu einer Einwilligung zu bewegen. Dieses liess sich um so mehr erwarten, da sich das Domcapitel, in dem sich damals jedenfalls schon protestantische Elemente befanden, durch die Bewilligung der Ehe, mochte es sich auch noch so sehr verklausulieren, immerhin in gewissen Gegensatz zur Curie gestellt hatte. Es blieb dann freilich immer noch der Widerstand der Obrigkeit, d. h. des Kaisers zu überwinden, was aber nicht allzu schwer erschien. Jenen Zusatz hinsichtlich der Religion durchgesetzt zu haben war demnach in der That ein grosser Erfolg, errungen, wohl ohne dass das Domcapitel die Tragweite desselben ahnte. Gern konnte Heinrich Julius dagegen auf der andern

Seite dem Capitel in manchen Puncten nachgeben. Es hatte
kaum etwas zu bedeuten, dass er versprach, für seine Erben
keinen Anspruch auf das Stift erheben zu wollen, zumal das
Capitel seinerseits das Versprechen gab, an dem Hause
Braunschweig-Wolfenbüttel festzuhalten. Uebrigens trat
Heinrich Julius mit diesem Schritt auch in Gegensatz zu der
Politik seines Vaters. Denn in seinem 1581 abgefassten
Testamente[1]) hatte dieser ausdrücklich bestimmt, dass Heinrich Julius auf seine bis dahin erlangten Stifte und was er
sonst etwa von Stiften noch an sich bringen könne, zu
Gunsten seiner drei jüngeren Brüder resignieren solle, so
bald er zur Regierung gelangt sei. Ausdrücklich hatte er
dann aber seinen Söhnen verboten, im Besitze der geistlichen
Güter sich zu verheiraten „als wobei kein Segen Gottes zu
erwarten sei". Es ist nicht wahrscheinlich, dass Herzog
Julius seine Söhne mit diesen Bestimmungen unbekannt liess[2]),
und wenn er nun 1585 die Vermählung seines ältesten Sohnes
zuliess, so geschah das jedenfalls in der festen Erwartung,
dass derselbe der Bestimmung des Testaments, welche ihm
beim Regierungsantritt die Resignation seines Stiftes gebot,
nachkommen würde. Kannte er — wie doch wahrscheinlich
ist — die neue Capitulation seines Sohnes mit dem Domcapitel, so müssen wir uns freilich darüber wundern, dass er
sich dieser Hoffnung hingeben konnte, denn aus ihr geht
deutlich der Wille des jungen Bischofs hervor, das Stift bis
an sein Lebensende zu regieren. Des Bischofs jüngere
Brüder hielten jedenfalls noch sehr lange an dem Glauben
fest, dass Heinrich Julius die Bestimmungen seines Vaters
befolgen werde; noch 1590 machte Herzog Philipp Sigis-

---

1) Gedruckt bei Häberlin R. II. XV S. 263 ff. Dasselbe wurde 1582,
Sept. 13 durch Rudolph II bestätigt und nach Herzog Julius Tode am
12. Juni 1589 eröffnet, vgl. Häberlin XII S. 647.

2) Schwerlich dürfte auch anzunehmen sein, dass von Herzog Julius
diese Bestimmungen des Kaisers wegen, dem das Testament zur Bestätigung vorgelegt wurde, aufgenommen wurden.

mund sich Hoffnung, dass jener resignieren werde, und dass
er dann Aussicht habe, in Halberstadt gewählt zu werden [1]).
Heinrich Julius scheint darauf gar nicht geantwortet zu haben.

Inzwischen ging er entschlossen auf sein Ziel los, und
in der That drängten die Verhältnisse des Stiftes dazu, einen
entscheidenden Schritt zu thun. In Halberstadt selbst war
die Bürgerschaft und vor allem der Rat durchaus protestantisch. Der letztere hatte sogar schon 1584 versucht,
die Superintendenz und Inspection der Kirchen und Schulen
an sich zu reissen, war aber von Heinrich Julius und dem
Domcapitel zurückgewiesen [2]); ausdrücklich aber war die
Duldung der augsburgischen Confession von dem Rat verlangt und erreicht. Schon vorher war der Gedanke an eine
Kirchenvisitation aufgetaucht, dieselbe schien dringend notwendig, weil manche Uebelstände seit der letzten Visitation
sich eingeschlichen hatten, vieles wenigstens nicht gebessert
schien; überhaupt aber war es notwendig, den Stand beider
Religionen kennen zu lernen [3]). Damals unterblieb jedoch
dieser Plan, weil die Mindener Bischofswahl dazwischen kam
und diese eine längere Abwesenheit des Bischofs von dem

1) Schreiben Ph. S. an seine Mutter 1590 Juni 30. St. A. M. Stift
u. Fürstentum Halberst. I 95. Copie. Dasselbe ist in sehr heftigem
Tone gehalten und lässt darauf schliessen, dass Ph. S. damals schon
Schlimmes fürchtete.

2) Vertrag zwischen H. J. und dem Capitel einen- und dem Rat
andernteils. Gedruckt bei L ü n i g R. A. Spec. eccl. contin. IV Anh.
S. 62 f.

3) Vorschläge, wie Bischof H. J. die Regierung des Fürstentums
einzurichten. St. A. M. Domcapitel Halberst. No. 14, undatiert, gehört
aber wohl in die Jahre 1580/84. Das Schriftstück geht von protestantischer Seite aus. Bei der Visitation, heisst es, sei besonders darauf zu
achten, dass die Pfarrherrn recht berufen und belehnt werden, dass sie
recht lehren und christlich leben, da gerade darin sich grosse Mängel
zeigen „dörfften woll leuthe vorhanden sein, die ihr vater unser nicht
verstehen, ich will geschweigen, wie sie sich in die hohen vorfallende
controversion schicken konnen." Uebrigens denkt der Verfasser dieser
Vorschläge nicht daran den Besitzstand beider Religionen zu ändern;
er rät Duldung beider.

Stifte Halberstadt erforderte [1]). Auf dem Landtage zu
Wegeleben 1587, auf dem es im Allgemeinen sehr stürmisch herging — Clerus und Ritterschaft widersetzten sich
energisch der geplanten Einrichtung von Hofgerichten —
wurde dann eine allgemeine Kirchenvisitation des ganzen
Stiftes beschlossen. Erst im folgenden Jahre, am 8. August
1588 übergab Heinrich Julius den ernannten 9. Visitatoren [2])
die Visitationsartikel [3]). Dieselben schlossen sich sehr eng
an die Artikel von 1562 an und gingen nur in einzelnen
Punkten, besonders hinsichtlich der Lehre, weiter. So heisst
es hier, man solle bei der Visitation die Fragen vorlegen, ob
und was für wichtige Ursachen die Stände der Augsburgischen
Confession gehabt hätten, das Pabsttum billigerweise zu verwerfen und zur reinen evangelischen Wahrheit zu treten ;
welches ferner die rechte Kirche sei, und ob dieselbe durch
ein leibliches Haupt, als den Pabst, regiert werden müsse.
Hinsichtlich der Ceremonien wird die Abschaffung der schon
1567 verbotenen wiederholt, dagegen die damals ausge-
sprochene Erlaubnis anderer weggelassen. In Bezug auf die
Disciplin werden die Bestimmungen von 1562 erneuert.
Die Visitation selbst fand darauf von April bis October 1589
statt. Die Resultate waren relativ günstige zu nennen.
Wurde doch in allen Pfarren des Stifts gemäss der augsburgischen Confession gepredigt und gelehrt und die Sacra-

---

1) Commission II. J. an seine Regierungsräte 1583 Jan. 15. St.
A. M. Domcapitel Halberst. No. 15. Copie. Den Räten wird darin
aufgetragen, auf Kirchen und Schulen zu achten, dass das göttliche
Wort gemäss den Lehren der augsburgischen Confession gelehrt werde;
allen Secten, besonders den Calvinisten soll gesteuert werden. „Die ge-
betene visitation aber sol biss zu unser wieder anheimkunfft eingestellt
sein und bleiben“. Es zeigt diese Commission also auch das inter-
essante Factum, dass H. J. sich damals durchaus noch nicht zu der
gemässigten religiösen Ansicht durchgerungen hatte, die ihn später aus-
zeichnet. Vgl. Ritter, Geschichte der Union I 55 f. Vgl. auch unten,
Cap. 4 dieses Abschnittes.

2) Ihre Namen im Chron. Halberst. bei Abel, S. 424 f.

3) Gedruckt im Auszuge bei Nebe S. 17—26.

mente verwaltet, die meisten Pfarrer waren sogar schon
evangelisch ordiniert, nur noch 13 im Pabsttum ordinierte waren
vorhanden, die zum grössten Teil noch aus der Zeit vor 1564
stammten. Die sittliche Aufführung der Prediger liess zwar
noch hin und wieder zu wünschen, so in Berssel und Wolfer-
stedt, schlimmer aber war, dass Klöster und Stifte hartnäckig bei ihrem alten Glauben verharrten. Mancherlei Miss-
stände resultierten daraus. So hatte [1]) zu St. Pauli das
Capitel den Chor der Gemeinde vorenthalten und auch das
Schiff mussten die Evangelischen schon vor 8 Uhr räumen.
Aecker und Zinsen der Pfarre, ja das Pfarrhaus hatte das
Capitel gleichfalls an sich gezogen; der Bau von Kirchen-
stühlen, Benutzung der Orgel war den Protestanten verboten,
über Störung der Gottesdienste und Verfolgung des evangelischen Pfarrers durch die Capitularen wurde geklagt.
Nicht viel besser stand es zu St. Bonifacius. Auch hier
häuften sich die Klagen wegen Störung des Gottesdienstes,
Verunreinigung der Kirchenstühle, Anschreiben von Spott-
versen gegen den lutherischen Glauben. Mochten diese
Klagen auch im Einzelnen übertrieben sein, jedenfalls zeigten
sie deutlich, wie schroff die Stifte der neuen Lehre noch
gegenüberstanden, und wie sicher sie sich noch immer fühlten [2]).

Grosse Fortschritte hatte die evangelische Lehre im
Stift gemacht, Vieles war gebessert, Vieles erreicht. Noch
aber blieb ein grosser Schritt übrig zur Vollendung des
Werkes, noch war der Widerstand des Domcapitels, vier
mächtiger Collegiatsstifte und einer nicht unbedeutenden Anzahl von Klöstern zu brechen. Im Guten würde diese Macht

---

1) Die Protokolle bei Nebe a. a. O.

2) Vielleicht ist mit diesem Auftreten der katholischen Partei in
Verbindung zu bringen eine Bemerkung in einem Schreiben des Herzogs
Wilhelm v. Bayern an Churfürst Wolfgang v. Mainz 1591 Mai 8. Hier
wird hervorgehoben, dass die Jesuiten im Stift vor 1591 an Ansehen
gewonnen, ja sogar in der Domkirche gepredigt hätten.

sich nicht zur neuen Lehre bekehrt haben, ein Gewaltstreich musste unternommen werden, wenn das Werk der Reformation im Stift vollendet werden sollte. Heinrich Julius schwankte keinen Augenblick, ihn zu thun.

III.

Es scheint nicht unwichtig, zu betrachten, wie in dem Augenblicke, da Heinrich Julius dazu schritt, die Ausübung des katholischen Gottesdienstes in seinem Stift mit Gewalt zu unterdrücken, das Verhältnis der religiösen Parteien in Deutschland überhaupt war.

Wir befinden uns nun in einer Zeit, in der sich die Gegensätze der religiösen Parteien immer mehr zugespitzt hatten. Energisch und zielbewusst hatte der Katholicismus seit Pius V die Restauration begonnen, gewaltige Erfolge waren errungen. Die haltlose, schwächliche und in sich uneinige protestantische Partei war an mehr als einem Punkte zurückgedrängt, tausende von deutschen Protestanten waren zum Katholicismus zurückgebracht; in Bayern, in den rheinischen wie oberdeutschen Bistümern war die katholische Religion fast gänzlich wiederhergestellt, in vielen der niederdeutschen Stifte war die Restauration wenigstens begonnen, wie in Hildesheim und Paderborn; mit geringer Mühe hatte man die Gefahr des Abfalls des Erzbistums Köln 1583 überwunden. Tiefer und schärfer waren die Gegensätze durch den Kalenderstreit geworden, nicht zum Geringsten durch diesen waren dieselben auch bis in die untersten Schichten des Volkes getragen [1]).

Es folgte auf diese Zeit des energischen Vorgehens der Restaurationspartei ein Erschlaffen derselben und ein Er-

---

1) Vgl. S t i e v e, Der Kalenderstreit des sechszehnten Jahrhunderts in Deutschland. Abhandlungen der Bayerischen Academie der Wissenschaften. Histor. Klasse Bd.. XV. 3. Abteil. S. 1—98. Speciell S. 86 f. Wenn St. diesem Moment vielleicht auch etwas zu viel Einfluss zuschreibt.

starken der protestantischen Partei. Es bestiegen nach
Sixtus V in dem kurzen Zeitraume von kaum zwei Jahren
drei Päbste den Stuhl Petri, nur einer von ihnen regierte
über ein halbes Jahr, und dieser widmete seine Aufmerk-
samkeit besonders den französischen Angelegenheiten. In
Deutschland dagegen einigten sich gegenüber den katholischen
Erfolgen der Liga in Frankreich und der Spanier in den
Niederlanden die Protestanten. Zum ersten Male seit
längerer Zeit fand wieder eine Annäherung von Churpfalz,
die in vormundschaftlicher Regierung von Johann Casimir
geleitet wurde, an Chursachsen statt, Heere wurden aus-
gerüstet zum energischen Eingreifen in die französischen Verhältnisse. Dem gegenüber war die Politik der katholischen
Partei in Deutschland — hauptsächlich vertreten durch
Bayern — schwach und wankelmütig. Noch erkannte man
dort nicht die Grösse der Gefahr, sah nicht die Tiefe des
unüberbrückbaren Abgrundes zwischen Katholiken und Protestanten; noch immer gab man sich dem Wahne hin, durch
gütliche Auseinandersetzungen alles ordnen zu können. Rivalität und Lauheit vereitelten die Stärkung des ohnmäch-
tigen Landsberger Bundes, Furcht vor Misbilligung der Gegenpartei hinderte den Anschluss Lothringens an die katholische
Partei Deutschlands, kleinliche Bedenken und zögernde Politik
hemmten ein energisches Vorgehen in dem badischen Vor-
mundschaftsstreit, liessen hier wie bei dem Strassburger Bis-
tumstreit die Protestanten bedeutende Vorteile erringen,
liessen die Einfälle der protestantischen Niederländer in das
Erzstift Köln geschehen. Bei der Frage wegen der Vormund-
schaft über die inneröstreichischen Lande kam es dann
zu einem Zwist zwischen Bayern und Oestreich, bei dem sich
ersteres gekränkt zurückzog, und wiederum die Rivalität und
Meinungsverschiedenheit der östreichischen Fürsten unter
einander hinderte ein einmütiges Vorgehen gegen die trotzig-
selbstbewusste protestantische Partei der drei Lande Steier-
mark, Kärnthen, Krain. Und zu all diesem kam die Türken-

gefahr, die gerade in diesen Jahren besonders drohend erschien. In der That war dieser Zeitpunkt nicht ungünstig
für ein Vorgehen in protestantisch-reformatorischem Sinne
und Heinrich Julius, der inzwischen nach dem Tode seines
Vaters auch die Regierung seiner Erblande angetreten hatte,
nutzte denselben[1]).
Den ersten Schritt that er im Januar 1591. Seit einiger
Zeit hatten die Jesuiten im Stift nicht unbedeutende Fortschritte gemacht[2]), es war vorauszusehen, dass sie dem Reformationswerke am hartnäckigsten sich entgegenstellen
würden. Im Januar wurde daher ein Ausweisungsbefehl
gegen sie erlassen[3]) und wie es scheint mit Energie durchgesetzt[4]).
Am 23. Februar 1591 that er dann den entscheidenden
Schritt. In eigner Person erschien er vor dem versammelten
Domcapitel[5]) und kündigte demselben in ausführlicher Rede

1) Der völlig vereinzelten Nachricht bei Pfeffinger, braunschw.-
lüneburg. Geschichte I 786, nach der Thomas v. Knesebeck 1591 zu
der Reform. in Halberstadt geraten habe, glaube ich kein Gewicht bei-
legen zu dürfen, um so weniger, da mir der Name in den ganzen Verhandlungen nicht weiter vorgekommen ist.
2) Vgl. S. 70 Anm. 2.
3) Brief des Herzogs Wilhelm V v. Bayern an den Churfürsten
Wolfgang von Mainz. 1591 Mai 8. Staatsarchiv. München. Schw.
Abteil. 33/3. f. 28. Orig. Ich verdanke die Kenntnis dieses Schreibens
der Güte des Herrn Professor Stieve in München.
4) Ende Februar scheinen die meisten Jesuiten Halberstadt verlassen zu haben. Wenn am 24. noch einmal ein besonderes Ausweisungsdecret gegen zwei Jesuiten erlassen wurde, so ist wohl anzunehmen, dass
diese beiden die letzten waren. Vgl. Protokoll der Domcapitelsitzung
vom 24. Feb. St. A. M. Hochst. Halb. G82. fol. 9.
5) Das Domcapitel bestand, soweit wir erkennen können, damals
aus folgenden 13 Capitularen: 1) Caspar v. Kannenberg, Decan, 2) Christ.
v. Marenholz, Senior, portenarius ac. präposit. St. Pauli, 3) Joh.
v. Britzke, thesaurarius, 4) Joach. Joh. Georg v. Schulenburg, cellerarius,
5) Barth. v. Heimburg, 6) Ernst v. Arnstedt, 7) Joach. v. Borch, vice-
dominus, divisor ac. prapos. S. Mauritii, 8) Matth. v. Oppen, 9) Herm.
Stahl, 10) Joach. v. Treskow, 11) Joh. v. Randow, 12) Friedr. v. Britzke,
13) Petrus Götze. Vgl. Verhandlungen des Domcapitels vom 23. Feb.

seinen Entschluss an, das Reformationswerk im Stift vollenden zu wollen[1]). Er dankt dem Capitel zuerst für zahlreiches Erscheinen und führt dann aus, dass er in den 13 Jahren seiner Regierung sich bemüht habe, zu regieren, wie er es vor Gott und der Welt verantworten könne, jedoch sei er seinem Amt noch nicht genug nachgekommen. Denn es sei Pflicht der Obrigkeit, dafür zu sorgen, dass das Wort Gottes lauter gepredigt und die Sacramente nach seiner Einsetzung verwaltet würden; daran aber mangele es in Stiften und Klöstern. Um nicht Gottes Zorn auf sich zu laden, wolle er nun auch dieses ändern zum Nutz und Frommen seiner „Schäflein", deren „Hirte ja Vater" er sei. Wie ein Arzt zuvor die Ursache der Krankheit erkannt haben müsse, so müsse auch er zuerst die Ursache wegschaffen, die sie hindere selig zu werden, und darin würden sie ihm ja wohl alle willig folgen. Ihm selbst sei nicht unbekannt, dass im Stifte viel „Abgötterei, Sünde und Schande" vorhanden sei, es müsse daher „eine christliche reformatio in der Lehre und Veränderung des Lebens" angestellt werden, denn die augenblickliche Lehre sei falsch, ja ein Teufelswerk, und unbegreiflich sei, wie sie noch existieren könne, da sie doch in ihrer Jugend in der rechten Religion erzogen seien [?]. Um aber nicht zu viel oder zu wenig zu thun, wolle er als Schiedsrichterin die heilige Schrift hinstellen und nichts abschaffen, was mit derselben verträglich sei. Von der falschen Lehre wolle er nur die gröbsten Misbräuche hervorheben, die ohne Widerrede beseitigt werden müssten. Es seien dies vornehmlich: 1) Die invocatio sanctorum. Dieselbe sei ein grosser Irrtum und schreckliche Beschimpfung

---

St. A. M. Hochst. Halberst. 632 fol. 9 mit L e n t z, diplomat. Stift u. Landeshistorie v. Halberstadt S. 309 f. sub 1590 u. 1593.

1) Den allgemeinen Inhalt der Rede giebt Contin. Chrou. Halberst. bei A b e l S. 424 ff. und danach H ä b e r l i n R. H. XVI 141 ff. Die wörtliche Rede findet sich St. A. M. Hochst. Halb. 632 a fol. 1—8. Ich glaube den Inhalt desselben doch ausführlicher geben zu müssen als bisher geschehen.

Gottes, denn diesem allein gebühre die Ehre der Anrufung, und Christus sei der einzige Mittler. Könne man ihm aus der Schrift eine Stelle nachweisen, die die Anrufung der Heiligen befürworte, so wolle er dieselbe gern zugeben. 2) Mutatio sacramenti altaris. Es sei ein grosser Misbrauch und habe keinen Grund in der Schrift, dass den Laien der Kelch entzogen würde. 3) Missa sacrificium. Es sei abgöttisch, das Nachtmahl als Versöhnungsopfer für die Lebendigen und Toten hinzustellen, Christus habe sich einmal aufgeopfert, und es sei Sünde und Schande, dass ein Priester Christus in der Messe noch einmal opfern solle. 4) Circumgestatio panis consecrati. 5) Pönitentia seu satisfactio. Sie schmälere, wie sie katholisch gelehrt werde, die Ehre Christi. Aus diesem Grunde seien auch abzuschaffen die katholische Lehre von der justificatio hominum und den bona opera. Ferner sollen beseitigt werden: 6) Der ganze Canon, Privat- und Stilmesse. 7) Firmung und Oelung, 8) Das zauberische Weihen des Wassers, Feuers, Salzes, der Taufe [?] der Palmen, der Speisen und Kräuter. 9) Verbot gewisser Speisen in den Fasten. 10) Ausstossen des Adam. 11) Processionen, lateinische Taufe und Weihe. 12) Pacemküssen. 13) Fusswaschen und Kreuz ins Grab legen. 14) Die 4 ordines minores und prima tonsura (als Malzeichen der babylonischen Hure). 15) Vigilien und Seelenmesse. Schliesslich sei im ganzen Stift Unzucht und Ehebruch eingerissen, fast jeder Canonicus halte sich Concubinen, das komme davon, weil sie glaubten an der Ehelosigkeit festhalten zu müssen: in Gottes Schrift sei diese durchaus nicht geboten. An die Stelle der Misbräuche sollen fortan folgende Neuerungen treten: Gottes Wort soll nach Inhalt der prophetischen und apostolischen Schriften und der Augsburger Confession gepredigt, die heiligen Sacramente nach Gottes Einsetzung in beiderlei Gestalt Laien wie Klerikern und zwar in deutscher Sprache verabreicht werden, die Canoniker und Vicare sollen fleissig in die Kirche gehen und daselbst Psalmen und andere reine, der Schrift entsprechende Gesänge singen, Vorlesungen in lateinischer und deutscher Sprache halten, Gott loben und danken und vor der ganzen Christenheit anrufen. Wer ausserhalb des Ehestandes nicht züchtig leben kann, soll sich verheiraten, die Pfründen aber dürfen nicht vererbt werden, sondern bleiben beim Stift. Der Bischof spricht dann die Hoffnung aus, dass, wenn das Domcapitel mit gutem Beispiel vorangehe, auch die andern bald folgen werden, und die nachfolgende Generation dann ganz der neuen Lehre zugethan sein werde. Schliesslich aber fügte er der Durchführung der Reformation doch eine Einschränkung hinzu, in kluger Berechnung, dass er dadurch wahrscheinlich eher zum Ziele gelangen werde, als wenn er allzu schroff vorginge. Da er, so sagt er, nicht gegen seine Capitulation handeln wolle, und vielleicht noch einige „privatae personae" vorhanden seien, die der päbstlichen Lehre anhingen, so wolle er nicht in dieselben dringen, wider ihr Gewissen zu handeln, sondern sie sollten bei ihren Pfründen bleiben, doch solle zwischen den Canonikern und Vicaren der verschiedenen Bekenntnisse kein Zwist entstehen. Er schloss seine Rede mit den Worten: „Und weil Wir bei Uns nicht befinden können, was ihr für erhebliche und in Gottes Wort gegründete Ursachen vorbringen könnt, die euch von dieser christlichen Reformation abhalten möchten, also wollen wir uns versehen, weil ihr dasselbe alles besser wisst, ihr werdet in euer selber eigenes Gewissen gehen und den Sachen also nachdenken, damit es zu Gottes Ruhm und Ehre, euer allerseits Lobe und Seligkeit und diesem ganzen Stifte zum Ruhm und Nutzen gereichen möge."

Mit einem Schlage also wollte Heinrich Julius den Katholicismus im Lande unterdrücken, wenigstens die öffentliche Ausübung des katholischen Gottesdienstes. Konnte er in der That hoffen oder erwarten, dass das Domcapitel und die Nebenstifte sich dem ruhig fügen würden? Das Capitel that vorläufig, was das vernünftigste schien: nach kurzer Berathung erklärte es [1]), sich die Sache genauer überlegen zu müssen; alsdann wolle es dem Bischof schriftlich Antwort geben. Heinrich Julius begnügte sich mit dieser Erwiderung. Noch aber war die Stimmung des Domcapitels zum überwiegenden Teile der Reformation abgeneigt. Das zeigte sich in der Domcapitelssitzung, die gleich am folgenden Tage stattfand [2]). Hier war man — anscheinend unter Einfluss der evangelischen Capitularen — anfangs geneigt, die Messe einzustellen, schliesslich aber gewann doch die Ueberzeugung die Oberhand, dass man durch Nachgiebigkeit in diesem einen Punkte auch zur Annahme der andern gedrängt werden würde. Unter dem Vorwande, mit sachverständigen Leuten und der Union — d. h. der Vereinigung der halberstädtischen Stifte und Klöster — sich über diese wichtige Angelegenheit beraten zu müssen, bat man schliesslich um einen Aufschub von zwei Monaten. Wie wenig geneigt man damals noch war dem Herzog nachzugeben, zeigt übrigens auch der Umstand, dass man am gleichen Tage zu verhindern wusste, dass ein Ausweisungsdecret gegen zwei Jesuiten öffentlich angeschlagen wurde. Schon nach 19 Tagen — in der Domcapitelssitzung vom 15. März [3]) — wurde dann die Frage der Reformation entschieden. Eifrig mussten sich die evangelisch Gesinnten im Capitel in der kurzen Zeit bemüht haben, denn ihre Partei war jetzt schon die stärkere. Das Haupt derselben war Joachim v. Schulenburg; ferner gehörten zu derselben Barth. v. Heimburg, Ernst v. Arnstedt, Joachim v. Treskow und Hermann Stahl. Das Haupt der Gegenpartei war Matthias Oppen, seine Anhänger Joachim v. Borch, Joh. v. Randow, Friedr. v. Britzke. Unsicher waren anscheinend Caspar

---

1) Verhandlungen des Domcapitels nach der Rede. St. A. M. Hochst. Halb. 632. fol. 9. Ecerpt.

2) Auszug aus dem Protokoll. Hochst. Halb. 632. fol. 9.

3) Protokoll der Sitzung. Hochst. Halb. 632 a fol. 9. Dasselbe ist z. T. unleserlich, vor allem sind die Namen schwer zu entziffern.

v. Kannenberg, Chr. v. Marenholz, Joh. v. Britzke
und Petrus Götze. Es kam darauf an, welcher Partei die
letzteren beitreten würden. Bei der Abstimmung fiel die
Majorität den Evangelischen zu. Ausser den fünf obenge-
nannten stimmten nämlich auch drei von den zweifelhaften,
und zwar Chr. v. Marenholz, Joh. v. Britzke und Petrus
Götze mit denselben[1]); damit schien die Frage entschieden.
Freilich drückte man sich vorsichtig aus, denn alle Capitularen waren darin einig, dass man die Freiheiten des Stifts
sorgfältig hüten müsse. So wurde denn beschlossen, die Abgötterei und die Misbräuche abzuschaffen; das Stift aber
solle bei seinen Rechten und Gewohnheiten bleiben und nicht
zu einer „teutschen pfar" gemacht werden. Die Klöster
sollten bei ihrer Residenz und ihrem Glauben gelassen werden. Ueberhaupt aber wollte das Capitel beantragen, dass es
fortan von weiteren Religionsänderungen verschont bleibe.
Mit diesen Beschlüssen konnte Heinrich Julius wohl zufrieden
sein, sie enthielten in der That die Zusage seiner wesent-
lichsten Forderungen. Jedoch so leicht wie es nach den Beschlüssen des 15. den Anschein hatte, wurde der Sieg nicht
errungen. Denn ehe es zu schriftlichen Festsetzungen kam,
hatte sich die Stimmung des Domcapitels wieder geändert.
Mag es nun sein, dass ein Teil der Capitularen, nur geleitet durch augenblickliche Stimmung oder bewogen durch
die Vorstellungen der evangelischen Capitularen, die Reformation angenommen hatte, oder sei es, dass ihnen nach-
träglich von der katholischen Partei zugesetzt wurde — der
Hinweis auf die kaiserliche Ungnade, der schon in jener
Capitelssitzung von den Katholiken vorgebracht wurde, mag
dabei keine unwichtige Rolle gespielt haben —: als am
23. März das Concept zu der Antwort an den Bischof abgefasst wurde[2]), stimmte diese kaum noch in einem Puncte

1) In der definitiven Abstimmung schlug sich auch noch Fried.
v. Britzke, wohl bewogen durch das Votum des andern Britzke, zu den
Evangelischen.

2) Concept vom 23. März. Hochst. Halb. 632a fol. 10, 11. Mit

mit den Beschlüssen vom 15. zusammen. Die Capitularen
gestehen freilich zu, dass Missbräuche vorhanden seien; da
aber eine Aenderung wie Heinrich Julius sie vorschlage gegen
dessen Capitulation streite, und ferner zu fürchten sei, dass
der Kaiser damit nicht einverstanden sein und schwere Be-
drängnis über sie verhängen würde, so solle der Bischof sein
Vorhaben vor dem Kaiser so verantworten, dass das Stift
in keinem Falle darunter zu leiden habe. Ferner solle er
bei den vereinigten Landständen, den übrigen Collegiatkirchen
und Klöstern seine Reformation zur Anerkennung zu bringen
suchen. Alsdann würden sie nach voraufgegangener „trac-
tation und anderweit Verfassung der mit E. f. g. aufgericht
pactes und capitulation" sich dem Willen des Bischofs so
accomodieren, dass er damit zufrieden sein solle. Das
Schreiben wurde, nachdem man zuvor die Verzögerung ent-
schuldigt hatte [1]), am 12. April abgesandt. Es war dies in
der That ein völliges Zurückweisen der vom Bischof vorgeschlagenen Aenderungen. Allein schon das Verlangen, die
Zustimmung des Kaisers einzuholen, war, das konnte man
wohl wissen, unerfüllbar. Und schliesslich nach allen Forderungen war die Zusage so allgemein, so nichtssagend, dass
sie selbst nach Erfüllung aller Bedingungen das Capitel
nicht sehr verpflichtete. Des Herzogs Antwort erfolgte am
25. April [2]), wichtige Regierungsgeschäfte und Krankheit seiner
Gemahlin hatten, wie er schreibt, sofortige Erwiderung verhindert. Aus seinem Schreiben sprach weniger Ungnade als Ver-
wunderung darüber, dass man so viele Schwierigkeiten mache,
da man doch einsehe, dass die Schäden vorhanden seien. Diese
Schwierigkeiten zu beseitigen, sei leicht. Gegen die Capitulation wolle er durchaus nicht handeln, er habe aber nochmals in der neuen Capitulation nachgesehen und gefunden,

---

dem Concept gleichlautende Copie des vom 12. April datierten Schreibens
fol. 11—13.

1) Schreiben vom 30. März.
2) Hochst. Halb. 632a fol. 12—15. Copie.

dass zur Religionsänderung Bewilligung des Domcapitels, aber nicht der hohen Obrigkeit nötig sei, die Landschaft ferner habe ihn selbst zu solchem Werke aufgefordert. Ziemlich kläglich fiel dann der Versuch aus, die Neuerungen mit dem Religionsfrieden in Einklang zu bringen. Der Religionsfriede, sagt er, würde durch die Aenderung nicht verletzt, denn es sei hier eine ganz andere Sache wie mit Köln und Magdeburg, denen die Religion nur der Schanddeckel für ihr Thun sei: aber wenn dem auch nicht so wäre, so würde doch Niemand eines so kleinen Stiftes wegen einen Krieg beginnen. Die andern Capitel und Klöster zu befragen sei unnötig; gehe das obere Stift mit gutem Beispiele voran, so würden die andern schon folgen, keinenfalls aber brauche man sich wegen „etzlicher unverständiger vicarii und münche" um seine Seligkeit zu bringen.

In sophistischer Weise suchte Heinrich Julius dann ferner dem Capitel die Furcht vor dem Kaiser zu benehmen. Zwar erkenne er denselben als seinen höchsten Herren an, aber in Religionssachen habe derselbe weder Macht noch Recht ein Ziel und Mass zu setzen. Desshalb brauche er den Kaiser nicht zu befragen noch sich vor ihm zu verantworten, da derselbe doch keine andere Antwort geben könne, als Heinrich Julius gethan [!]. Gäbe es doch sogar Stifte, in denen nicht nur die Religion geändert sei, sondern die ganz eingezogen seien; gegen solche könne der Kaiser einschreiten, freilich habe ihm das bisher nichts genützt. Er aber wolle nur die Religion ändern, das gehe den Kaiser nichts an, wie man an Magdeburg und Verden sehe, die auf dem Reichstage die gebührenden Ehren erhielten. Furcht vor geistlichen Censuren ferner sei völlig unbegründet, denn der Pabst habe gar nichts zu sagen. Er gedenke ihm auch in keiner Weise zu gehorchen, und er wundere sich nur, wie das Capitel aus Furcht vor ihm sich von der Reformation wolle abhalten lassen. Weltliche Execution endlich sei gar nicht zu erwarten, da sich kein Executor finden werde; die Nachbarn

seien zu „redlich" dazu, ein Fremder aber würde sich
schwerlich dazu verstehen. Käme es aber zu einem Kriege,
so wolle er dem Stifte mit allen Kräften beistehen. Da so
alle Hindernisse aus dem Wege geschafft seien, sollten sie
nunmehr die Reform annehmen, weil sonst der Zorn Gottes
und Unheil für das Stift zu fürchten seien. Offenbar hielt
Heinrich Julius die von dem Capitel vorgebrachten Gründe
nicht für ernstlich gemeint, denn kaum hätte er sonst den
Versuch wagen können, dieselben in so leichtfertiger Weise,
mit Entstellung der Thatsachen [1]), mit Auflehnung gegen die
weltliche wie Nichtachtung der geistlichen Obergewalt zu
entkräften. Vielleicht glaubte er aber auch durch die kühne
Uebergehung dieser beiden letzten Factoren die noch Schwankenden auf seine Seite ziehen zu können.

Das Domcapitel war anscheinend in Verlegenheit, welche
Schritte es nun thun sollte. Vorläufig bat es wieder um
Aufschub, weil seine Capitelsmitglieder nicht vollkommen
versammelt seien [2]). Ueber die dann folgenden Verhandlungen im Domcapitel haben wir keine Nachricht; am 20. Mai
erst erfolgte die Antwort [3]) auf das Schreiben des Herzogs.
Sie lautete sehr günstig. Ihre vorige Resolution sei nicht
dahin gemeint gewesen, die Reform ganz zurückzuweisen;
nur wegen der Wichtigkeit der Sache hätten sie geglaubt,
ihre Bedenken vorbringen zu müssen. Nun verstosse zwar
die Reformation gegen die Capitulation und gegen des Kaisers Willen, aber da des letzteren Zustimmung wohl nicht
zu erreichen, wohl aber seine Toleranz zu hoffen sei, so
wollten sie auf den Punkt in der Capitulation nicht weiter
Rücksicht nehmen und „solche reformation wie dieselbe von
E. F. G. proponirt und gesucht, somit in doctrina et cere-

---

1) Die Capitulation vom 30. Mai 1584 gebot ausdrücklich Genehmigung der hohen Obrigkeit zu einer Religionsänderung. Vgl. S. 65 f.
Von einer späteren Capitulation ist mir nichts bekannt.

2) Schreiben vom 27. April. Hochst.Halberst. 632a fol. 11/12. Copie.

3) Hochst. Halberst. 632 a fol. 16/17. Copie.

6

moniis als auch in vita et moribus nach laut und inhalt
des anno 1530 kaiser Karolo ...... von den protestirenden
stenden übergebenen und in des heyl. reiches religionsfrieden
begriffenen confession in nahmen gottes annehmen und in
unser kirchen anstellen". Von den Landständen möge er
einen Revers beibringen, dass sie in allen Zeiten, besonders
in der Not treu zum Stift stehen wollten. In Betreff der
Collegiatkirchen und Klöster hätten sie wegen ihrer Union
mit denselben gewünscht, dass Heinrich Julius auch mit
ihnen verhandle, doch wollten sie sich seinem Willen fügen.
Bezüglich der Capitulation solle nun ein Recess zwischen
dem Bischof und dem Capitel aufgerichtet werden über folgende Punkte: 1) Durch diese Aenderung sollen die in den
Capitulationen etc. enthaltenen Zusagen hinsichtlich der Statuten, Privilegien, Gerechtigkeiten nicht aufgehoben, die
geistlichen Güter und Beneficien durch Zulassung des Ehestandes nicht verringert werden, sondern die corpora präbendarum et beneficiorum sollen bei ihrem Wesen erhalten,
Klöster und Stifte gleichfalls bei ihren Freiheiten bleiben ;
Kirchen und deren Güter sollen nicht zu weltlichen Dingen
verwandt werden. 2) Das Barfüsserkloster — seit Erz-
bischof Sigismund in der Verwaltung des Domcapitels — soll
wie bisher bei demselben bleiben. 3) Die Jurisdiction soll
der Bischof auch fernerhin eigen führen und dieselbe nicht
verpfänden oder verkaufen. 4) Dem Pabst sollen seine Collationen und die drei Monate bleiben. 5) Da sie wegen der
Religionsänderung ihre Statuten umgestalten müssen, so bitten
sie, dass der Bischof dieselben bestätige. Vor allen wollen
sie festsetzen, dass keiner, der „ante electionem vel provi-
sionem sich verheyratet ad possesionem präbendarum admittirt
werden muge, das E. F. G. keinen derselben jure devoluto
in unser kirchen mit präbenden beschenken, sonsten aber
einen jeden geistlichen, so etwa elegirt oder sonsten mit
einem beneficio providirt, in solcher unser als allen andern
collegiatkirchen den matrimonium frey gestellt sein muge, wie

wir denn auch die statuten nur vor uns allein suchen und
der andern collegiatkirchen halber E. F. G. kein ziel oder
mass zu geben gemeint sind."

Was das Capitel zu einem so raschen und gründlichen
Nachgeben bewog, lässt sich nur vermuten. Es ist nicht
unwahrscheinlich, dass die schwankenden und ängstlichen
Gemüter, durch die entschiedene, alle Hindernisse gering
achtende Sprache des Bischofs beruhigt, sich der evangelischen Partei wieder anschlossen. Es kommt hinzu, dass
die katholische Partei aus einem geheimen Grunde damals
wahrscheinlich eine mehr beobachtende als eingreifende
Stellung einnahm[1]). Freilich hatte sie ihren Einfluss doch
bei der Abfassung der Forderungen der neuen Recesses zu
wahren gesucht.

Diesmal erfolgte die Antwort des Herzogs[2]) sehr rasch
und klang sehr zufrieden. Die von dem Capitel ausbedun-
genen Puncte des Recesses wurden, allerdings mit einigem
Vorbehalt[3]) bewilligt; über den Beschluss des Capitels hinsichtlich der Religionsänderung sprach sich Heinrich Julius
sehr befriedigt aus. Am 3. Juni kam dann auch der
neue Recess zwischen Bischof und Domcapitel in der von
ersterem modificierten Weise zu Stande[4]). Zugleich mit

---

1) Vgl. unten Cap. 4 S. 93 f.

2) Am 24. Mai. Hochst. Halberst. 632a. fol. 27. Copie.

3) So soll das Domcapitel die Verwaltung des Barfüsserklosters zwar
behalten, aber die alten „exercitia" sollen dort abgeschafft werden.
Die päbstl. Collationen sollen für das Domcapitel und für das Stift
U. L. F. bestehen bleiben, wenn jedoch in 3 Monaten a die notae vaca-
tionis keiner seine „provisio in forma bullari insinuiert", so will er
dieselben nach seinem Rechte gebrauchen, für die Collegiatkirchen will
er sie überhaupt an sich ziehen. Die neuen Statuten sollen sie ihm
erst schriftlich zusenden. Wenn sie Gottes Wort gemäss, ist er nicht
abgeneigt, sie zu bestätigen.

4) Hochst. Halberst. 632a. fol. 28/29. Copie. Das Capitel gab in
den Anm. 3 erwähnten Puncten nach, H. J. bestätigte dagegen die Statuten, auch den Passus wegen Zulassung der vor der Wahl Verheira-
teten. Doch soll dies nur für das Domcapitel gelten. In den Colle-

dem Recess übersandte Heinrich Julius am 4. Juni den Revers der ganzen Landschaft, in welchem diese beurkundete, dass die Reformation mit Wahrung der in dem Recesse angegebenen Freiheiten unter ihrer aller Zustimmung geschehen sei, ja dass sie selbst einmütig den Bischof dazu aufgefordert hätten [1]). In einem Begleitschreiben zu diesen beiden Urkunden ermahnte Heinrich Julius dann das Capitel nochmals eindringlich, die abgöttischen Ceremonien abzuschaffen und ihm Nachricht zukommen zu lassen, wie sie es nun mit den gottesdienstlichen Handlungen halten wollten. Zugleich kündigte er an, dass er auf Wunsch der Landschaft auf den 17. Juni einen allgemeinen Landtag einberufen habe. Das Domcapitel war damit zufrieden, im Uebrigen antwortete es dem Herzog [2]), dass es das Breviarium jetzt nach der augsburgischen Confession umarbeite, nach Vollendung dieser Arbeit werde man sie dem Herzog zur Revision vorlegen. Am 6. August teilten sie ihm dann mit [3]) dass sie ein Directorium eingerichtet hätten, das die vorzunehmenden Aenderungen leite, dieses stellten sie seiner Revision anheim.

Es war somit alles im besten Gange und die Hoffnung auf Vollendung des Werkes näher gerückt. Da stellten sich ihm von drei Seiten Schwierigkeiten entgegen. Einmal begann damals die Einmischung des Katholicismus von Aussen — der Einfluss, den er übte, wird später [4]) im Zusammenhange zu betrachten sein — sodann machten die Stände unerwartete Schwierigkeiten, und schliesslich setzten die Collegiatstifte und Klöster dem Reformationswerke hartnäckigen Widerstand entgegen.

---

giatkirchen will er nunmehr das jus conferendi auch in den ungeraden (päbstlichen) Monaten gebrauchen.

1) Hochst. Halberst. 632a fol. 30. Copie, undatiert, aber nach dem Begleitschreiben des Herzogs am 3. Juni abgefasst.

2) 5. Juni. Hochst. Halberst. 632a. fol. 31/32. Copie.

3) Instruction des Domcapitels an den Syndicus zur Verhandlung mit H. J. Hochst. Halberst. 632a. fol. 33/34. Copie.

4) Im 4. Capitel.

Wie Heinrich Julius dem Domcapitel am 4. Juni bei Uebersendung des Reverses mitgeteilt, hatte er auf speciellen Wunsch des Landschaftsausschusses auf den 17. Juni die gesammten Stände einberufen. An dem bestimmten Tage fand der Landtag auf dem Petershofe zu Halberstadt statt. Hier muss es recht stürmisch zugegangen sein. Denn der Herzog, der die Bestätigung des Reverses durch die Landschaft nur als eine Form betrachtete, hatte ihr denselben einfach zugesandt und kurzweg verlangt, dass die Stände ihn durch Beidrückung der Siegel ratificierten. Die Stände aber, welche diese Nichtachtung schwer kränkte, machten Schwierigkeiten, ja sie suchten die Sache hinzuziehen und auf ein anderes Gebiet hinüberzuspielen, indem sie Forderungen wegen Visitationen und Hofgerichtsordnungen stellten. Mit einem Worte, zu einer Einigung gelangte man nicht. Heinrich Julius musste diese ablehnende Haltung der Stände sehr unangenehm sein, denn es war vorauszusehen, dass sie einen schlimmen Rückschlag auf die Stimmung des Domcapitels und der Union üben würde. Nachzugeben war er nicht gewillt, er griff daher zu einer Gewaltmassregel. Am folgenden Tage sandte er den Ständen einfach den versiegelten Abschied zu, in dem es hiess, die Stände hätten zwar anfangs Schwierigkeiten gemacht, den Revers zu vollziehen, sich aber doch schliesslich dazu bereit erklärt, und sie bestätigten mit diesem Abschiede, dass sie mit der Reform einverstanden seien [1]). Natürlich weigerten sich die Stände, diesen ihnen aufgezwungenen Abschied anzunehmen. Heinrich Julius muss es jedoch verstanden haben — auf welche Weise ist unbe-

---

1) Abschied mit der Ritterschaft und den Städten. 1591 Juni 18. Hochst. Halberst. 632a. fol. 32/33. Copie. Als Ueberschrift steht darüber: „Copie des Abschiedes der mit denen von der Ritterschaft und den Städten, wie sie a Rmo um Versiegelung des übergebenen Reverses wegen der Reformation den 17. Juni anher auf den Petershof beschieden gewesen aber sich des geweigert, den 3. Tag hernach angenommen worden". Unter das ursprüngliche Datum (17. Juni) ist 20. Juli geschrieben, soll aber jedenfalls heissen 20. Juni.

kannt — ihren Widerstand sehr rasch zu brechen, denn schon am 20. Juni wurde der Abschied angenommen. Die Verstimmung hielt indess auf beiden Seiten noch lange an. Freilich sah sich die Ritterschaft im August veranlasst, den Herzog gewissermassen um Entschuldigung zu bitten, aber aus diesem Schreiben[1]) klang doch noch immer die gereizte Stimmung hervor. Vor allem beklagte man sich, dass der Bischof den Abschied besiegelt und vollzogen übersandt habe, ehe er den beiden Ständen vorgelesen sei: das sei ganz unerhört; daher habe man auch Bedenken getragen den Abschied anzunehmen. Schliesslich sprach die Ritterschaft den Wunsch aus, in dieser Angelegenheit nicht ferner beschwert zu werden. Das war allerdings deutlich genug, und Heinrich Julius konnte froh sein, den Zwist einigermassen beigelegt zu haben, denn inzwischen machten die Collegiatstifte und Klöster ihm bedenklich zu schaffen.

Hatte Heinrich Julius anfangs die Absicht gehabt, die Reformation der Collegiatstifte und Klöster einfach durch das Domcapitel betreiben zu lassen, so war er, teils auf Wunsch dieses letzteren, teils auch wohl aus eigner Ueberzeugung zu dem Entschlusse gelangt, mit demselben doch auch persönlich zu verhandeln. In seinem Schreiben an das Domcapitel vom 24. Mai hatte er diese Absicht schon ausgesprochen und zugleich den Wunsch hinzugefügt, dass das Domcapitel auch das Seinige zur Förderung der Sache thun möge, falls es um Rat angegangen würde. Noch an demselben Tage versammelte der Herzog die Abgeordneten der Union auf dem Petershofe und trug ihnen seine Vorschläge in Bezug auf die Reformation vor[2]). Wie erwartet, wandten sich diese zunächst an das Domcapitel. Dieses that nun allerdings nicht ganz, was der Bischof von ihm erwartete: denn anstatt seine volle Zustimmung zu dem Reformations-

---

1) 1591 Aug. 16. Hochst. Halberst. 632a. fol. 39—41. Copie.

2) Auszug aus dem Protokoll der Verhandlungen zwischen Union, Prälaten und Domcapitel. 1591 Mai 29. Hochst. Halberst. 632.

werk auszudrücken, bedeutete es die Abgeordneten nur „man müsse sich geduldig in die Reform schicken", doch wolle man die Freiheiten und Rechte wahren, auch einen Revers von der Landschaft fordern. In diesem Sinne sollten sich die Abgeordneten auch erklären. Invocatio und Messe sollten bestehen bleiben. Nicht allein, dass diese Zustimmung sehr gezwungen erschien, man wich auch in zwei Puncten — Gestattung von Invocatio und Messe — von den Anordnungen des Herzogs ab. Vielleicht erreichte das Domcapitel es übrigens nur dadurch, dass die Union sich vorläufig und zwar ziemlich rasch mit den Propositionen des Herzogs einverstanden erklärte. Dieser sprach sich am 4. Juni sehr zufrieden darüber aus [1]), dagegen wunderte er sich, dass die Jungfrauenklöster noch keine Erklärung hätten einlaufen lassen, meinte aber, dass sie vielleicht noch keine Kunde von dem Werk erhalten hätten. Um die Sache zu ordnen, solle sich der Domdechant Joh. Britzke, dem er Mirus und Oppechimius beiordnen wolle, dorthin begeben. Das Domcapitel, nicht gewillt, sich durch die herzoglichen Prediger beeinflussen zu lassen, antwortete [2]) ziemlich gereizt: es sei unnöthig, dass der Bischof seine Theologen schicke, es würde das nur zu viel „commotion und schrecken" erregen. Heinrich Julius gab hierauf — wohl in der Absicht, das Domcapitel in dieser weniger wichtigen Angelegenheit nicht zu reizen — gar keine Antwort und erregte dadurch die Besorgnis der Domherrn vor seiner Ungnade, denn am 6. August hielt es doch für notwendig auf die Angelegenheit zurückzukommen, seine Ansicht darüber nochmals auseinanderzusetzen und den Herzog um Mitteilung der seinigen zu bitten. Heinrich Julius fand es nicht mehr der Mühe wert

---

1) Die Resolution des Domcapitels war damals noch nicht erfolgt, aber in einem Schreiben desselben vom 4. Juni (Hochst. Halberst. 632a. fol. 82. Copie) wird angezeigt, dass dieselbe abgefasst sei, und gebeten, Tag und Stunde zur Ueberreichung zu bestimmen.

2) In dem Schreiben vom 5. Juni.

darauf zu antworten. Inzwischen war ihm jedoch zu Ohren gekommen, in welcher Weise das Domcapitel der Union gegenüber seine Bestimmungen modificiert hatte. Er veranlasste daher das Domcapitel am 5. Juli die ganze Fraternität vorzuladen und ihr zu befehlen, die Messe einzustellen. Die katholische Partei im Capitel verhielt sich bei diesem Acte stillschweigend, Matthias von Oppen war absichtlich abwesend[1]). Nicht so leicht war jedoch der Widerstand der Union zu beugen. Daher erfolgte auf ausdrücklichen Befehl des Herzogs[2]) am 21. August von Neuem eine Vorladung vor das Domcapitel[3]); hier wurde den Vertretern der Union befohlen, das Directorium und das verbesserte Brevier anzunehmen. Die Vertreter der Union aber weigerten sich auch jetzt noch: der Bischof habe ihnen versprochen, einen Revers zu senden, denselben wollten sie erst abwarten, ausserdem aber könnten sie sich nicht entschliessen, das Directorium anzunehmen; wenn das Capitel es verlange, wollten sie diese Antwort ihm und dem Herzog auch schriftlich übermitteln. Diese Sprache war nicht sehr bescheiden, der letzte Zusatz klang beinahe wie Hohn: offenbar war das kaiserliche Schreiben vom 18. Juli[4]) nicht ohne Wirkung gewesen. Und was that das Domcapitel gegenüber diesem Auftreten der Union? Es erklärte sich damit einverstanden, und so versprachen denn die Vertreter der Union eine Schreiben mit der Bitte um Uebersendung des Reverses an den Herzog

---

1) Auszug aus den Verhandlungen v. 5. Juli. Hochst. Halberst. 632. Dabei die Bemerkung „ich bin aber denselbigen tages uber stadt gezogen damit[!] ich diesen sachen nit lust habe beizuwohn". Die Aufforderung zur Einstellung der Messe kann nach den Verhandlungen am 29. Mai nur auf ausdrücklichen Wunsch oder Befehl des Herzogs erfolgt sein. Auch der eigenhändige Zusatz Oppens spricht dafür, dass die Vorladung der Fraternität nicht aus der Initiative des Capitels hervorging.

2) Diesmal wird das besonders hervorgehoben.

3) Protokoll der Domcapitelssitzung vom 21. Aug. Hochst. Halberst. 632a. fol. 58.

4) S. darüber im folgenden Capitel.

zu senden, fügten aber schliesslich, wahrscheinlich weil sie sahen, dass das Domcapitel keinen Zwang auf sie ausüben werde, und um diesem dem Herzoge gegenüber keine Ungelegenheiten zu bereiten, hinzu, sie wollten auch das Directorium annehmen unter dem Vorbehalt einer Besprechung mit ihren Mittherrn. Die Uebersendung des Schreibens muss in der That in den nächsten Tagen erfolgt sein. Der Herzog war unangenehm überrascht. Um aber das letzte Hindernis, welches die Union vorschützen konnte, aus dem Wege zu räumen, übersandte er am 30. August dem Domcapitel einen Revers[1]) mit der Bitte[2]), falls sie an demselben nichts auszusetzen hätten, ihn den andern Stiften und Klöstern mitzuteilen und an seiner Statt sofort mit ihnen zu unterhandeln, dass ohne Verzug nach dem dem Domcapitel zugestandenen „directorium divinorum" der Gottesdienst eingerichtet werde. Am 3. Sept. lud daher das Domcapitel erst die Collegiatstifte und dann die Fraternität vor sich[3]) und erfüllte dieses Mal seine Aufgabe besser im Sinne des Herzogs wie früher. Indem es den Vertretern der Union den Revers des Herzogs überreichte, forderte es dieselben auf, nunmehr auch das Directorium anzunehmen. Die Union weigerte sich nicht länger. Freilich versuchte das Bonifaciusstift noch, die Erlaubnis zur Beibehaltung der Messe zu erhalten[4]), das Dom-

---

1) Dieser fehlt mir.

2) Schreiben vom 30. Aug. 1591. Hochst. Halberst. 632a. fol. 38/39. In demselben spricht H. J. sich unmutig darüber aus, dass die Klöster und Stifte jetzt wieder um 8 Tage Aufschub gebeten hätten. War dies etwa in dem Schreiben desselben an H. J. geschehen? Dann wäre es, im Vergleich mit der dem Domcapitel gegenüber geführten Sprache, gleichbedeutend mit einem Rückzuge der Union. Oder hatte vielleicht H. J. unmittelbar nach Empfang des Schreibens eine neue Verhandlung zwischen Domcapitel und Union anberaumt, auf der dann dieser Aufschub gefordert wurde?

3) Protokoll der Domcapitelssitzung vom 3. Sept. Hochst. Halb. 632a fol. 41. Dasselbe ist sehr unleserlich. Ein guter Auszug findet sich Hochst. Halb. 632.

4) Die Vertreter desselben sagten, die Messe würde bei ihnen noch

capitel aber antwortete „sie wollten ihnen nichts inhibieren",
doch sollten sie bedenken, was sie dem Herzog geantwortet
hätten. Auf den Revers versprach dann die Union nach ge-
höriger Beratung ihre Resolution einzusenden. Auch die
darauf vorgeladene Fraternität und die Vicare sagten die
Annahme des Directoriums zu, baten aber, dass ihnen, da
der Herzog Erhaltung des katholischen Glaubens zugesagt
habe, ihre Capellen zugewiesen würden, in denen sie commu-
nicieren und Messe halten dürften. Das Domcapitel erwiderte darauf, das stehe ihm nicht zu, vom Herzog hätten
sie deswegen auch keinen günstigen Bescheid zu erhoffen,
da derselbe Messe und dergleichen durchaus nicht leiden
wolle. Jedenfalls sollten sie sich nach den Bestimmungen
des Directoriums richten. Am 14. Sept. teilte dann das
Domcapitel dem Herzog das Ergebnis der Verhandlungen mit.
Dieser war mit dem Erfolge wohl zufrieden[1]), zumal die
Dinge im Domcapitel selbst einen so günstigen Verlauf genommen hatten. Zugleich mit der Mitteilung von der Einrichtung des Directoriums hatte das Domcapitel dem Herzog
angekündigt, dass es den Dr. Mirus zu seinen Domprediger
gewählt hätte. Freilich bat es dabei um Unterstützung von
Seiten des Herzogs, Heinrich Julius gestand diese gern zu[2]).
Nachdem dann aber der Herzog die Mittel bewilligt hatte,
beeilte sich das Domcapitel gar nicht sehr, den neuen Prediger in sein Amt einzuführen und die Bestimmungen des Directoriums nun auch wirklich zur Ausführung zu bringen;
der Herzog, dem diese Verzögerung sehr unlieb war, musste
dringend mahnen[3]) beides zu thun; zugleich setzte er den

gehalten, wenn ihnen befohlen würde dieselbe zu unterlassen, wollten
sie es thun, „vor sich wissen sie es nicht abzuschaffen".

1) In einem Schreiben vom 17. an das Domcapitel erwähnt er diesen Punct gar nicht.

2) Schreiben an das Domcapitel. 13. Aug. Zu gleicher Zeit wies
er seinen Amtmann in Gaterschleben an, 60 Gulden aus den Einkünften
des Amts zu zahlen.

3) In dem Schreiben vom 30. Aug.

Termin der Einführung auf den 5. Sept. fest. Der Gottesdienst wurde nach den Bestimmungen des Directoriums am
7. Sept. auch wirklich eingeführt[1]), am 14. September wurde
Dr. Martin Mirus definitiv zum Domprediger bestellt[2]),
am gleichen Tage dankte der bisherige Prediger ab. Der
Herzog war sehr erfreut über diesen endlichen Erfolg und
gewährte bereitwillig die Bitte des Domcapitels wegen einiger Geld- und Bauangelegenheiten[3]). Am 21. Sept. · - es war
der Matthäustag — hielt dann Mirus wirklich seine Antritts-
predigt, nachdem ihm vorher vom Domcapitel ausdrücklich
eingeschärft war, er solle sich mässigen und nicht auf die
früheren Prediger schimpfen[4]). Am 26. September predigte
dann der zweite Prediger am Dom, Nicolaus Schultze,
zum ersten Mal[5]). Mirus blieb freilich der Domkirche nicht

1) In dem Schreiben des Domcapitels vom 14. Sept. wird gesagt,
dass dies vor 8 Tagen geschehen sei.

2) Die Anstellung lautet für 6 Jahre. Er erhielt 500 Thl. Gehalt,
zu zahlen in vierteljähr. Raten à 125 Thlr. ausserdem 3 Wispel Wei-
zen, 2 Wispel Salz, 4 Wispel Gerste, 3 magere Schweine, die er im
Holz unentgeltlich mästen darf, 30 Malt. Brennholz nebst freier Ein-
fuhr. Dagegen soll er sich verpflichten, die reine Lehre zu predigen,
sein Amt mit den Diaconen, die ihm etwa zur Seite gesetzt würden,
treulich zu handhaben.

3) Schreiben vom 17. Sept. Hochst. Halberst. 632a. fol. 53/54. Orig.

4) Concept zur Ordnung des Gottesdienstes. Sept. 20. Hochst.
Halberst. 632a. fol. 55. Es heisst in demselben ferner: Er soll Gott
danken, dass er zu diesem Amt berufen ist, und versprechen, dass er
es treulich verwalten will. Nach der Predigt soll Tedeum gesungen
werden. Das Singen deutscher Gesänge wird ihm anheim gestellt. Evangelium und Epistel soll nach der Predigt gesungen und gelesen werden.
Das Tedeum soll lateinisch im Chor gesungen werden, weil die Priester
[wohl die Mitglieder des Domcapitels] deutsche Gesänge nicht gewohnt
sind. Um 7 Uhr soll zur Messe geläutet werden. Die Divina sollen
nach der festgesetzten Norm gehalten werden. — Es war also doch
noch Manches von dem katholischen Ritus beibehalten. Eine ausführliche „Ordinatio cultus divini" von 1591 (mit Angabe der Evangelien,
Epistel ect. für die verschiedenen Feste) befindet sich St. A. M. Domcapitel Halberstadt. Nro. 63. Vielleicht enthält diese die Bestimmungen des Directorium divinorum.

5) Merkwürdigerweise wird er in den Verhandlungen nie genannt,

lange erhalten, Ende November wurde ihm von dem Admistrator von Chursachsen die Hofpredigerstelle in Dresden, die er schon früher bekleidet hatte, angetragen. Mirus nahm das Amt gern an. So musste ihn denn das Domcapitel ziehen lassen, ungern, wie es selbst sagte[1]), weil er vortrefflich geeignet gewesen sei das Reformationswerk zu fördern. Mit der Anstellung eines neuen Hauptpredigers beeilte man sich nicht.

So ging das Jahr seinem Ende entgegen, die Energie des Herzogs hatte bedeutende Erfolge zu verzeichnen, noch aber war Alles unsicher, die alte Lehre hatte noch zahlreiche Anhänger, durch eine Stärkung dieser Partei konnte noch Alles wieder in Frage gestellt werden. Diese Gefahr drohte jetzt ernstere Gestalt anzunehmen.

IV.

Schwerer wiegend als der Widerstand der localen Gewalten gegen die Reformation war ohne Zweifel ein Factor, der von Aussen her in die Verhältnisse eingriff: die katholische Partei im Reiche, vor allem der Kaiser selbst, der es nicht ruhig mit ansehen durfte, dass in einem der bedeutendsten niedersächsischen Stifte der katholische Glaube unterdrückt wurde. Schon Anfang Mai 1591 machte Herzog Wilhelm von Bayern den Versuch[2]) in die Verhältnisse einzugreifen. Er entschloss sich nämlich an den Churfürsten Wolfgang von Mainz, als den Metropolitanen von Halberstadt ein Schreiben zu richten, in dem er ihn bat, dafür

nur am 6. Aug. teilt das Domcapitel dem Herzog mit, dass sie Mirus auch einen Diaconen beigegeben hätten. Das bezieht sich wohl auf Schultze. Name und Tag der Einführung finden sich im Chron. Halberst. und danach bei Haeberlin R. H. XVI 141 f.

1) Schreiben des Domcapitels an den Administrator. Novemb. 30. Hochst. Halberst. 632a. fol. 62/63.

2) In dem S. 70 Anm. 2 erwähnten Schreiben: vgl. S. 73 Anm. 3. Da sich das Original im Münchener Staatsarchive befindet, so ist wohl anzunehmen, dass das Schreiben nie abgesandt wurde.

zu sorgen, dass die katholische Religion wenigstens, da zur
Zeit nichts Besseres zu hoffen sei, nicht ganz unterdrückt
werde, die katholischen Ceremonien erhalten blieben, die Jesuiten wieder zugelassen würden und namentlich die Abschaffung der Messe verhindert werde. Anscheinend hatten die
Jesuiten das Schreiben veranlasst, und Wilhelm, von der
Nutzlosigkeit desselben überzeugt, hatte ihnen wohl nur wi-
derwillig nachgegeben, dafür spricht der matte Ton des ganzen Briefes; schliesslich unterblieb dann auch die Absendung
desselben, zumal man von Wolfgang von Mainz doch kein
energisches Eingreifen hoffen konnte[1]). Wichtiger wurde
die Angelegenheit, als Kaiser Rudolph II sich derselben annahm. Sehr bald nach der Einführung der Reformation in
Halberstadt hatte Wolfgang von Mainz, der sonst wenig Interesse für die Halberstädter Verhältnisse zeigte, sich durch
eine heimliche Gesandtschaft von dem Stande der Dinge
unterrichten lassen und davon dann den Kaiser benachrich-
tigt und so dessen Einmischung hervorgerufen[2]). Ausserdem
war dieses aber auch nicht ohne Einwirkung der katholischen
Partei im Stift geschehen. Wir sahen[3]), wie am 20. Mai
anscheinend ohne grossen Widerspruch der letzteren eine
günstige Antwort für den Bischof zu Stande kam, und dass
dieselbe überhaupt eine mehr beobachtende Stellung einnahm.
Der Grund dieser Haltung war nun höchst wahrscheinlich
der, dass Mitglieder dieser Partei[4]) sich schon sehr bald
nach der Einführung der Reformation mit einer geheim ab-
gesandten Beschwerdeschrift[5]) an den Kaiser gewandt hatten;
in der Erwartung, dass dieser bald energisch eingreifen

1) Ueber seine Stellung in der kathol. Partei vgl. S t i e v e, Politik
I 14. 177. 235 u. o.; II 146.

2) Vgl. S t i e v e, Politik I 405 Anm. 1.

3) Vgl. S. 81 ff.

4) Im Chron. Halberst. S. 425 wird angegeben, dass es Mitglieder
des Domcapitels und des Stiftes U. L. F. gewesen seien.

5) Wie wir aus den Verhandlungen sehen, ahnten die Evangelischen
nichts von diesem Schreiben.

werde, hielten sie sich wohl damals ruhig. Am 18. Juli nun
erfolgte gewissermassen die Antwort des Kaisers, indem er
zwei Schreiben an den Herzog und das Domcapitel sandte[1]).
Dem Herzoge wurde strengstens anbefohlen, jede etwaige
Neuerung in Religionssachen als dem Religionsfrieden und
den Reichstagsabschieden zuwiderlaufend zu unterlassen. Das
Schreiben an das Capitel war aus den obenerwähnten Gründen viel milder gehalten: als Schützer des Stifts dürfe der
Kaiser nicht leiden, dass die alte Religion verändert werde,
das Capitel möge daher Bericht geben, wie es im Stift stehe,
selbst aber bei der alten Religion verharren.

Das Schreiben fand den Herzog nicht in seiner Residenz,
seine Räte baten daher vorläufig beim Kaiser um Entschuldigung wegen Verzögerung der Antwort und sandten dem
Herzog das Schreiben an die hessische Grenze mit der Bitte[2]),
wegen der Wichtigkeit der Sache möglichst bald zu antworten nach vorangegangener Beratschlagung mit dem Domcapitel und mit den braunschweigischen Räten; sie selbst versprachen ihre Hülfe „wie bei Kais. Majest. das wergk abge-
lehnet werden muchte". Welchen Eindruck das kaiserliche
Schreiben im Domcapitel hervorrief, ist unbekannt, am 6.
August übersandte man es dem Herzog mit der Bitte, seinen
Rat in Betreff desselben zu geben. Verschiedene Gründe
mögen das Capitel abgehalten haben selbständig vorzugehen.
Die evangelische Partei konnte natürlich im eignen Interesse
nicht anders handeln, und die katholische Partei mochte
wohl einsehen, dass eine für sie befriedigende Antwort an

---

1) Hochst. Halberst. 632a fol. 33 u. 38. Cop. Hier sind die Schreiben vom 15. Juli datiert, eine andere Copie St. A. II. Stiftsachen
Halberst. Nro. 117 zeigt als Datum den 18. Juli. Dieses ist wohl die
kaiserliche Datierung, und das andere nur eine Umsetzung der Copisten
nach dem alten Kalender. In seiner Antwort bezeichnet H. J. das
Schreiben als vom 18., doch haben einige Copien auch hier wieder den 15.

2) Schreiben der Räte an den Kaiser und an den Herzog 27. Juli
1591. St. A. II. Stiftsachen Halberst. Nro. 117. Copie. Falsch datiert
auf den 27. August. [Die Rückseite zeigt dagegen das richtige Datum].

den Kaiser bei dem Zwiespalt im Domcapitel nicht zu erwarten sei; auch hatte sie vielleicht den Gedanken, dass
das kaiserliche Schreiben den Herzog möglicherweise zur
Nachgiebigkeit, sei es auch nur in Bezug auf Duldung der
Messe bewegen würde. Darin hatte sie sich freilich geirrt.
Am 18. August antwortete der Herzog dem Kaiser [1]). Mit
der Reformation — führt er aus — könne er nicht inne-
halten; zweifelsohne wisse der Kaiser, dass Herzog Julius
der Augsburgischen Confession zugethan gewesen und dass
auch Heinrich Julius in derselben erzogen sei. Bei Antritt
der Regierung des Stifts Halberstadt habe er zwar noch Ue-
berreste der katholischen Religion und Leute, die in derselben erzogen seien, vorgefunden, aber doch nur wenige, die
derselben von Herzen zugethan gewesen seien. Der Gottesdienst ferner sei nicht wie billig gehalten worden oder doch
von solchen, die dasselbe nicht von Herzen gethan hätten.
Das ärgerliche Leben der Geistlichen in den Stiften und
Klöstern habe zugenommen, so dass nicht allein Heinrich
Julius dasselbe mit Schmerz gesehen, sondern auch die be-
nachbarten Fürsten dasselbe getadelt hätten. Auch die Land-
stände hätten in mehrfachen Zusammenkünften in ihn gedrungen, zur Abstellung dieser Schäden eine Reformation
vorzunehmen. Mit einhelliger Bewilligung des Domcapitels
sowie aller andern Stifte und Klöster habe er darauf die
Reformation eingeführt. Da nun diese Religion im Religionsfrieden gebilligt, auch das Stift schon vor Aufrichtung desselben der augsburgischen Confession angehangen habe, da
er ferner die „etwa bestehenden reliquien“ bestehen lassen
wolle, auch das Stift bei seinen Freiheiten etc. bleibe, da
endlich das Eingerichtete abzuschaffen bei der Zeitlage unmöglich sei, so könne der Herzog dem Kaiser nicht willfahren und hoffe, dass derselbe sich damit zufrieden geben

---

1) St. A. M. Stift u. Fürstent. Halberst. II 1097 Copie. Hochst.
Halb. 632a fol. 34/35 wird das Schreiben fälschlich vom 13. Aug.
datiert.

werde, wie er, der Herzog, im Uebrigen des Kaisers treuer
Diener sei.

Aus dem ganzen Schreiben geht hervor, dass dem Herzog vor allen Dingen daran lag, den Kaiser von der einmü-
tigen Gesinnung des Stifts zu überzeugen — offenbar also
wusste er nicht, wie man dort gegen ihn intriguiert hatte.
Dabei musste er sich denn freilich, wie das Schreiben zeigt,
ziemlich weit von der Wahrheit entfernen. Der sophistische
und klägliche Versuch, die Reformation mit dem Religionsfrieden in Einklang zu bringen, sowie die möglichst schwarze
Schilderung der halberstädtischen Zustände hatten wohl nur
den Zweck, diese Einmütigkeit zu motivieren und ihr einen
besseren, gewissermassen rechtlichen Hintergrund zu geben.
Sehr viel kam nun aber darauf an, wie das Domcapitel dem
Kaiser antworten würde, der Herzog machte daher dort seinen ganzen Einfluss geltend. Dass das Capitel ihn in dieser
Angelegenheit um Rat anging, war sehr wichtig, und er verfehlte nicht ihn zu erteilen. Auf diese Weise kam das Antwortschreiben des Capitels, welches am 23. August nach Prag
abgesandt wurde [1]), zu Stande, nachdem der Herzog es zuvor
nochmals ausdrücklich gebilligt und die Hoffnung ausgesprochen hatte, dass der Kaiser die Sache dabei werde bewenden
lassen. Dasselbe war entschieden viel geschickter abgefasst
als das herzogliche. Auch hier wurde darauf hingewiesen,
dass im Stift die augsburg. Confession allmählich immer
mehr Geltung gewonnen habe, so dass bald Niemand mehr
zu finden gewesen sei, der den katholischen Gottesdienst
habe halten wollen; auch die ganze Stadt Halberstadt „eine
ansehnliche, grosse, volkreiche Stadt", sei der augsburg.
Confession zugethan, die Anhänger der alten Lehre seien
ihres Lebens nicht mehr sicher gewesen. Da man ferner in
den Klöstern keine „man- und weibspersonen" haben könne,
so müsse man fürchten, dass, wenn keine Religionsveränderung

---

1) St. A. M. Stift u. Fürstenth. Halberst. II 1097 Copie. Hochst.
Halberst. 632a fol. 36 fälschlich vom 21. Aug. datiert.

vorgenommen würde, alle Mönchs- und Nonnenklöster im Stift gänzlich desoliert, die Einkünfte geschmälert würden. Es habe daher auf Ansuchen des Herzogs mit allen andern Stiftscollegien und Klöstern eine Reformation nach Massgabe der augsburg. Confession angenommen; jedoch habe man einige Vorbehalte gemacht. Darauf wurden die Punkte, die man in dem Recess vom 3. Juni [1]) ausbedungen hatte, angegeben, dabei aber die Beschränkungen, die der Herzog ihren Forderungen vom 20. Mai gemacht hatte [2]), nicht erwähnt, sondern diese als erreicht hingestellt. Dies alles, schloss das Domcapitel sein Schreiben, sei keine Neuerung sondern nur eine „continuatio der vor langen Jahren im Stifte angestellten Reformation", mit der der Kaiser sich hoffentlich einverstanden erklären würde.

Die Einwirkung des Herzogs in einzelnen Puncten, so besonders auch am Schluss, ist nicht zu verkennen; auf der andern Seite aber zeigte das Schreiben des Domcapitels doch wichtige Unterschiede von dem des Herzogs. Vor allen Dingen hatte man nicht den Versuch gemacht, die Reformation mit dem Religionsfrieden und dem geistlichen Vorbehalt in Einklang zu bringen, sondern indem man dieselbe als eine „Fortsetzung des vor langen Jahren angestellten Reformationswerkes" hinstellte, liess man die Frage nach der Gesetzmässigkeit auch dieses einfach offen. Ganz im Gegensatz zu des Herzogs Schreiben aber war die Sprache, die man dem Kaiser gegenüber gebrauchte; sie musste jedenfalls im Vergleich zu des Herzogs abweisenden, schroffen Tone bei dem Kaiser einen eigenthümlichen Eindruck hervorrufen, ja diesem trotz der auch in dem Briefe des Capitels behaupteten Uebereinstimmung mit dem Herzoge die Ansicht erhöhen, dass doch ein grosser Meinungsunterschied zwischen beiden bestehen müsse. Da Heinrich Julius das Schreiben des Domcapitels ausdrücklich billigte, so lässt

1) Vgl. S. 82 f.
2) Vgl. S. 83 Anm. 3.

7

sich annehmen, dass er diesen Unterschied entweder nicht bemerkte, oder zufrieden mit dem schliesslichen Resultat des Schreibens diesen Passus für unwichtig hielt, oder endlich, dass er voraussah, mehr von dem Domcapitel vorläufig doch nicht erreichen zu können.

Beim Kaiser aber erzielten die Entgegnungen des Herzogs und des Domcapitels nicht den gewünschten Erfolg. Denn inzwischen hatten die Katholiken auf mehreren Puncten wieder Vorteile errungen, und vor allem war die protestantische Partei nach kurzer Einigung wieder zersplittert. Der Kaiser konnte daher, seinen streng katholischen Ansichten folgend, energisch vorgehen. Erst am 23. November jedoch wurden die Schreiben zu Prag verfasst, am 16. December traf ein kaiserlicher Gesandter mit denselben in Halberstadt ein. Am 18. Morgens 8 Uhr trat dann das Domcapitel zusammen [1]. Der Gesandte überreichte das kaiserliche Schreiben und trat darauf ab. Alsdann wurde dasselbe im Capitel verlesen. Der Kaiser, heisst es in demselben [2], wolle das Meiste, was sie zur Entschuldigung der Reformation vorgebracht hätten, auf sich beruhen lassen, da es ihm vorkomme, als ob beide ihm zugegangene Schreiben aus einer Feder stammten. Dann aber wendet er sich gegen die Behauptung, dass das Stift längst vor Aufrichtung des Religionsfriedens reformiert gewesen sei und aus Mangel an Personen der katholische Gottesdienst nicht mehr ordentlich habe bestellt werden können. Die Behauptung, dass ihnen die apostolische und prophetische Wahrheit erst jetzt von Neuem erschienen sei, sei ihm ganz „fremd und abscheulich" vorgekommen, zumal sie doch die ganze Zeit über als gut katholisches Stift sich geriert und alle Privilegia und Satzungen eines solchen genossen hätten. Daran erkenne er, dass es wahr sei, was der Herzog ihm geschrieben, dass das Capitel der katholischen

---

1) Verhandlungen des kaiserl. Legaten mit dem Domcapitel und dem Herzog. Dec. 16.—26. Hochst. Halberst. 632. Excerpt.

2) St. A. M. Stift u. Fürstenth. Halberst. II 1097. Copie.

Lehre nicht mehr zugethan sei, sondern in seinen weltlichen Begierden lebe, und daher komme es auch, dass sie zum Hohn und Spott würden; hätten sie mit rechten Eifer sich der katholischen Lehre angenommen, so hätte das nicht eintreten können. Deshalb hätten sie wohl verdient ihrer Würden verlustig zu gehen, zumal sie gehandelt hätten unter dem Schein, als ob das ganze Capitel und die Clerisei damit einverstanden gewesen seien. Damit aber die Unschuldigen das Thun der Schuldigen nicht mit entgelten müssten, wolle er sie nochmals mit diesem Schreiben ersuchen, im Dom und in den andern Stiftskirchen und Klöstern und auf dem Lande die katholische Religion mit allen Ceremonien wieder herzustellen. Geschehe das nicht, so werde er auf Mittel und Wege sinnen, das Stift dem Reiche und der katholischen Religion zu erhalten und die Schuldigen zu bestrafen. Das Domcapitel — wir haben dabei hauptsächlich an den evangelischen Teil desselben zu denken, an den sich ja auch ganz offenbar hauptsächlich das kaiserliche Schreiben richtete — war tief bestürzt; sah man doch deutlich, dass der Kaiser die Verhältnisse völlig durchschaute und dass er nicht gewillt war, in irgend einem Puncte nachzugeben. Das Schlimmste stand zu fürchten, zumal man zugleich das Gefühl hatte, sich dem Herzog gegenüber schon zu weit verpflichtet zu haben. Vor allem musste die evangelische Partei besorgen, dass der Kaiser seine Drohung wahr machen und sie ihrer Capitelstellen entsetzen würde. Ihr natürlicher Rückhalt war der Herzog. Den Kaiser beschloss man durch ein dilatorisches Schreiben vorläufig hinzuhalten: noch am 19. Dec. wurde dasselbe aufgesetzt und dem Gesandten, der sich damit einverstanden erklärte, übergeben. Dieser entfernte sich darauf am folgenden Tage. Am 26. wurden Johann v. Britzke und Matthias v. Oppen durch ein herzogliches Schreiben nach Grüningen gerufen, wo inzwischen der kaiserliche Gesandte eingetroffen war, in ihrer Gegenwart empfing der Herzog denselben, liess sich das kaiserliche

Schreiben überreichen und nach Abtritt des Gesandten verlesen. Dasselbe[1]) war noch viel schärfer gehalten als das an das Domcapitel. Der Kaiser wundert sich über die Sprache und die Art der Rechtfertigung des Herzogs, schiebt ihm dann die Absicht unter, das Stift „an sich ziehen und profanieren", die althergebrachte Religion völlig auslöschen zu wollen. Da dieses aber dem Religionsfrieden zuwiderläuft und der Kaiser als Schützer der Kirche und Oberhaupt des Reiches das nicht dulden darf „befehlen wir F. L. hirmit ernstlichen undt wollen . . dass F. L. alle ferner enderung und ausflucht alsgleicht nach überantwortung diesses unsern keyserl. briefes und bevehlichs alles dasjenige was sie bisher von eingang irer underfangenen regierung in diesem stifft vorgenommen oder angeordnet, da dasselbige . . . . . vilgedachten leheren alter katholischer religion ungemess oder apertitive verhinderlich ist, genzlichen wiederumb ab undt alle ding, stiffter, closter undt schulen in vorigen stand restituicre". Heinrich Julius soll dieses ernstlich befolgen und sich nicht unter dem Scheine des Uebereinkommens mit dem Capitel widersetzen. Geschieht dies aber doch, so wird der Kaiser Mittel zu finden wissen, das Stift bei der katholischen Religion zu erhalten.

Deutlich geht aus dem Schreiben hervor, dass des Kaisers empfindliches Majestätsgefühl durch die unbescheidene Sprache des Herzogs schwer gereizt war. Die scharfe Entgegnung des Kaisers mochte auch wohl darin ihren Grund haben, dass man in Prag der Ansicht war, der Herzog, dessen Thatkraft und Hartnäckigkeit man ja kennen zu lernen Gelegenheit gehabt hatte, würde nur durch eine solche energische Sprache zum Weichen gebracht werden. In der That verfehlte das Schreiben seinen Eindruck auf den Herzog nicht. Vorläufig beschloss auch er eine dilatorische Antwort

---

1) St. A. M. Stift u. Fürstentum Halberstadt II 1097. Copie. Dort fälschlich vom 21. Nov. datiert. Das richtige Datum Hochst. Halberst. 632a fol. 67. Copie.

zu geben, noch am 26. Dec. wurde sie abgefasst[1]). Als
Gründe, weshalb die Antwort auf das kaiserliche Schreiben
nicht sogleich erfolgen könne, wurde die eben erst erfolgte
Rückkehr aus Brandenburg und die Abwesenheit einiger Räte
angegeben. Zugleich aber bat er den Kaiser, der Verläum-
dung anderer, welche diese Sache entstellten, kein Gehör zu
schenken. Die Abgeordneten des Domcapitels aber entfern-
ten sich nicht aus Groningen, ohne dem Herzog zuvor ihre
Bedenken — Matthias von Oppen scheint dabei Wortführer
gewesen zu sein — vorgebracht zu haben.

Hatte der Kaiser schon durch die beiden Schreiben an
den Herzog und an das Domcapitel bewiesen, dass er über
die Zustände des Stifts Halberstadt besser unterrichtet war
als man in den evangelischen Kreisen daselbst geglaubt hatte,
so zeigte er dies in noch höherem Grade durch ein drittes
Schreiben[2]), welches zugleich mit jenen beiden ausgefertigt
und jedenfalls auch durch denselben Gesandten überreicht
wurde. Wir wissen nicht, ob die heimlichen Beziehungen
zwischen dem Kaiser und der katholischen Partei in Halberstadt, wie sie oben geschildert sind[3]), noch fortbestanden,
fast aber müssen wir es annehmen, da auch über den Zustand der Collegiatstifte der Kaiser sich so gut unterrichtet
zeigte. Sich diese Partei zu erhalten und sie zu stärken
war sein Hauptbestreben. Aus diesem Grunde ging das oben
erwähnte Schreiben hervor. Zugleich damit schickte der
Kaiser den Collegiatstiften seine früheren Schreiben an Herzog und Domcapitel und deren Antworten. In beiden, fügte
er hinzu, sei in fast gleicher Weise behauptet, das Stift sei
schon vor Aufrichtung des Religionsfriedens reformiert und
zwar mit einhelliger Bewilligung des Domcapitels und der
ganzen Clerisei. Dennoch könne er nicht glauben, dass die
alte wahre Lehre ganz erloschen sei, und dass nicht wenig-

---

1) Hochst. Halberst. 632a fol. 68/69. Copie.
2) St. A. M. Stift p. Fürstent. Halberst. II 1097. Copie.
3) Vgl. S. 93 f.

stens auf den Nebenstiften und Klöstern „noch etzliche gut-
herzige, gotsfurchtige, bestendige leute vorhanden, welchen
diesse neuerung misfellig und darin nicht gewilligt haben".
Da er aber Genaueres hierüber nicht wisse, wolle er ausführliche Auskunft haben, wie es mit beiden Bekenntnissen
stehe, durch wen und mit wessen Consens die neue Lehre
eingeführt sei, und wesshalb man den Metropolitanen und
den Kaiser davon nichts habe wissen lassen. Sie selbst
möchten bei der alten Religion auch ferner ausharren.

Offenbar stellte sich der Kaiser in diesem Schreiben un-
wissender als er wirklich war, vielleicht um die katholische
Partei zu einer ausführlichen Beschwerdeschrift zu bewegen.
Dabei musste es der Union schmeicheln, dass der Kaiser solche
Hoffnungen auf sie setzte; es war zu erwarten, dass sie in
ihrem Widerstand, der schon zu erschlaffen begonnen hatte,
nun ausharren, und denselben verschärfen werde. Schliesslich war dieses Schreiben öffentlich an die Union vom Kaiser gerichtet und vom Gesandten übergeben; es war also
vorauszusehen, dass der Herzog Kenntnis von demselben
erhalten würde; nicht unwesentlich konnte es dann dazu beitragen dessen Widerstand zu brechen.

In der That schien es, als ob der Kaiser durch sein
energisches Auftreten überall den gewünschten Erfolg erzielen würde. Ein bedeutender Rückschlag trat ein. Bei dem
Domcapitel machte sich der Einfluss desselben zuerst bemerkbar. Denn in der Domcapitelssitzung vom 4. Januar
1592[1]), als über die Resolution auf des Kaisers Antwort
abgestimmt wurde, erklärten Joachim von Borch, Joh.
v. Britzke, Johann von Randow, Friedr. v. Britzke,
dass sie aus Furcht vor geistlichen Strafen ferner nicht
in die Reform willigen könnten. Das war ein bedeutender Erfolg; denn wenn auch jetzt noch die katholische
Partei im Domcapitel in der Minorität war, so zählte sie

---

1) Auszüge aus den Protokollen der Domcapitelssitzung v. 4—24.
Januar 1592. Hochst. Halberst. 632.

doch wieder fünf erklärte Anhänger, während in der letzten
Zeit nur Matthias von Oppen offen der Reformation sich
widersetzt hatte ; die evangelische Partei dagegen hielt sich
vorläufig ganz stille. Auch das Auftreten des Herzogs wurde
einen Augenblick unsicher. Schickte er doch am 8. Januar
seinen Rat M a t t h i a s B ö t t c h e r zu dem Domcapitel
und liess — was nie zuvor geschehen war — dasselbe um
Rat bitten wegen des bedrohlichen Schreibens des Kaisers.
Offenbar war er der Ansicht, dass er die Gefahr unterschätzt
habe und jetzt nur im vollen Einverständnis mit seinem
Domcapitel handeln könne. Das Domcapitel sagte zwar seinen Rat zu, fügte aber sehr kühl hinzu, vorläufig habe es
dazu keine Zeit. Sehr milde klang auch die Aufforderung
des Herzogs, die er am gleichen Tage an das Domcapitel
richtete, die Nebenstifte zur Einstellung der Messe zu ermahnen. Das Domcapitel bewilligte zwar auch dieses, verlangte aber, der Herzog solle einige Räte zu den Verhandlungen abordnen, ein Verlangen, das augenscheinlich nur von
der evangelischen Partei, die sich unsicher fühlte, ausge-
gangen sein kann. Schliesslich hatte der Herzog sie aufgefordert einen neuen Domprediger zu wählen und hatte
ihnen als solchen Lenzenius vorgeschlagen; das Domcapitel
aber lehnte ihn ab. Die Hauptsache in der Sendung
Böttchers endlich war, dem Domcapitel ausführliche Mittei-
lungen zu machen, wie der Herzog das Schreiben des Kaisers beantwortet zu wissen wünschte. Zu diesem Zwecke
gab er seinem Rate ein eingehendes Memoriale [1]) mit. Sie
sollen nach demselben an den Kaiser möglichst glimpflich
schreiben, noch einmal die Gründe der geschehenen Reformation hervorheben, besonders dass alle Städte sowie das
ganze Stift schon längst reformirt gewesen seien. Dann sei

---

1) St. A. M. Hochst. Halberst. 632 a fol. 78/79. Undatiert u. ohne
Schluss, doch wird Punct 6, der noch vorhanden ist, als letzter angegeben. Das Concept der Antwort des Domcapitels vom 19. Jan. zeigt,
dass das Memoriale Böttcher am 8. Jan. mitgegeben wurde.

auszuführen, dass die Reformation rechtmässig sei, da der
geistliche Vorbehalt dem passauischen Vertrage zuwider-
laufe, auch die protestantischen Fürsten nicht in denselben
gewilligt hätten. Genau sei auszuführen, dass Heinrich Julius
nicht daran denke, das Stift an sich zu ziehen, sondern dass
er rechtmässig postuliert und bestätigt sei und das Stift bei
seinen Rechten und Freiheiten erhalten wolle. Hervorzuheben sei, dass den Jungfrauenklöstern ihre Religion gelassen
und auch sonst Niemand gezwungen werde, wider sein Gewissen eine andere Religion anzunehmen. Die Reformation
endlich lasse sich nicht wieder abschaffen, sei auch keine
Neuerung, sondern die Fortsetzung der vor langer Zeit ein-
geführten Reform.

Man sieht, die Gründe waren nicht wesentlich neu, es
erscheint darin als neu nur die Protestation gegen den geistlichen Vorbehalt und gegen den Vorwurf der Prophanierung
des Stifts. Dass der Herzog jedoch eingesehen hatte, wo-
durch er das vorige Mal gefehlt, geht daraus hervor, dass
er dem Capitel eine gemässigte Sprache besonders anempfahl,
„weil das nützlich sei“. Das Capitel bat sich bis zum
18. Januar Bedenkzeit aus.

Lange hielt jedoch die Unsicherheit bei dem Herzog
nicht an, schon nach kurzer Zeit hatte er seine volle Festig-
keit wiedererlangt. Denn die Verhandlungen mit dem Domcapitel hatten ihm zwar gezeigt, dass dasselbe nicht un-
merklich ins Schwanken geraten war, zugleich aber war es
ihm auch klar geworden, dass es nur einer Verstärkung der
evangelischen Partei bedürfe, um derselben ihre Sicherheit
und damit das Uebergewicht wiederzugeben. Energisches
Auftreten schien das beste Mittel zu diesem Zweck. Als er
daher in einem Schreiben vom 12. Januar [1]) dem Capitel die
erbetene Bedenkzeit wegen der Antwort an den Kaiser gewährte, benutzte er diese Gelegenheit, seine Unnachgiebig-

---

1) Hochst. Halberst. 632a fol. 78. Copie.

keit in Sachen der Reform kund zu thun. Sehr ungehalten
sprach er sich jetzt darüber aus, dass in den Collegiatkirchen und Klöstern noch immer das „abgöttische Wesen"
und Messelesen nicht aufhöre, und forderte das Domcapitel
auf, die Widerspenstigen vor sich zu rufen und sie ernstlich
zu ermahnen, die Misstände abzuschaffen. Klang diese Aufforderung schon anders als die beinahe bescheidene Bitte
vom 8. Januar, so wurde sie noch verstärkt durch die folgenden Zusätze. Heinrich Julius erklärte sich nämlich bereit,
nötigenfalls mit seinen, ja des ganzen niedersächsischen Kreises
Kräften das Reformationswerk zu fördern. Die Verhandlungen des Domcapitels mit der Union versprach er
durch seine beiden Räte Peter v. Weihe und Matth. Böttcher
zu unterstützen.

Auch dieses Mal wie nun schon so oft verfehlte des
Herzogs energische Sprache wenigstens dem Domcapitel
gegenüber seinen Zweck nicht. Am 19. Januar übersandte
ihm das Domcapitel das Concept der Antwort an den Kaiser
mit einem Schreiben[1]), in der es seiner Besorgnis über die
ungnädige Zuschrift des Kaisers nochmals Ausdruck gab
zugleich aber den Herzog bat, das Concept nach eignem
Gutdünken zu verbessern. Das zeigt am besten, dass des
Herzogs Auftreten gewirkt, und die katholische Partei sich
zurückgezogen hatte. Das Concept[2]) enthielt im Wesentlichen die vom Herzog vorgeschlagenen Punkte, Einiges war
näher ausgeführt. So hatte man bei Zurückweisung des Vor-
wurfes der Prophanierung hinzugefügt, nur weil das Stift
sehr verschuldet gewesen sei und man dem Kaiser nicht hohe
Lasten habe auflegen wollen [! Soll wohl heissen: und man
sonst die vom Reiche verlangten Lasten nicht habe zahlen
können und dadurch dem Kaiser Ungelegenheiten bereitet
haben würde], sei Einiges veräussert. Die Reform sei mit
ihrer Bewilligung geschehen — von den Collegiatstiften und

1) Hochst. Halberst. 632a fol. 79/80. Copie.
2) Hochst. Halberst. 632a fol. 70—72.

Klöstern wird allerdings geschwiegen. Schliesslich baten
auch sie, Verleumdungen kein Gehör zu schenken. Der
Herzog war damit zufrieden, jedoch wurde das Schreiben
vorläufig nicht abgesandt. Einmal sollte dies wohl zugleich
mit der Antwort des Herzogs geschehen, sodann hoffte man
aber vielleicht auch, die Collegiatstifte und Klöster zu einer
günstigen Antwort bringen zu können. Dabei stiess man
jedoch auf ernstliche Schwierigkeiten, denn hier hatte bei
der überwiegend katholischen Gesinnung der Brief des Kaisers noch bedeutender gewirkt, den Mut neu belebt. Am
21. Januar liess das Domcapitel die Vertreter der Union vor
sich fordern [1]) und ihnen das Schreiben des Herzogs vor-
lesen, zugleich mit der Ermahnung, die Misbräuche abzuschaffen. Die Vertreter der Union — der Abt zu Huisburg,
der Pater zu Hamerschleben, der Probst zu St. Johann, die
Capitel St. Bonifacii und St. Pauli — erklärten darauf,
sie hätten zwar die Reformation angenommen, aber da sie
bislang vom Herzog noch keinen Revers empfangen hätten [?] [2]),
der Kaiser dagegen sie ermahne, bei der alten Religion zu
bleiben, so könnten sie die Messe nicht einstellen. Das kaiserliche Schreiben baten sie dem Herzog vorzulegen. Die
Räte des Herzogs forderten darauf, die Union möge diese
Antwort dem Herzog selbst einschicken; dazu schien diese
jedoch nicht sogleich geneigt zu sein. Das Domcapitel forderte daher nach nochmaliger dringlicher Ermahnung für
den 24. Januar definitive Erklärung. Dieselbe erfolgte am
festgesetzten Tage und fiel nicht günstig aus. Der Abt von
Huisburg erklärte im Namen seines Conventes, sie seien alle
in der katholischen Religion erzogen und hätten das jura-
mentum fidei geleistet. Wenn man sie vom letzteren beim

---

1) Verhandlungen des Domcapitels mit der Union 21. u. 24. Januar
1592. Hochst. Halberst. 632a fol. 74—76.

2) Ob der am 3. Sept. vom Domcapitel überreichte Revers nicht
allen Vertretern der Union zugegangen war, oder ob man mit demselben
nicht zufrieden einen neuen gefordert hatte, weiss ich nicht zu sagen.

Kaiser löse, wollten sie dem Herzog zu Willen sein, jedoch
bäten sie persönlich, gemäss des Herzogs Zusage bei ihrer
alten Religion bleiben zu dürfen; das Messelesen wollten sie
einstellen, wenn Heinrich Julius es wünsche. Der Pater von
Hamerschleben behauptete, die Einwilligung in die Reformation sei nur bedingungsweise geschehen, um Unheil und
Verirrung abzuwehren, definitiv hätten sie sich nie dafür erklärt. Andere antworteten ausweichend oder völlig unbe-
stimmt. Das war ungünstiger als man irgend hatte erwarten
können, und es war zu fürchten, dass der Zorn des Herzogs
heftig dadurch gereizt werden würde. Um wenigstens dies
zu vermeiden, da man wohl sah, dass die Union vorläufig
nicht nachgeben würde, griff man zu dem Mittel, in dem
Memoriale [1]), in welchem man dem Herzog von den Verhandlungen berichtete, die Antworten bedeutend zu mildern, ja
geradezu zu fälschen. Was der Herzog darauf erwiderte
ist unbekannt, vielleicht begnügte er sich damit, jedenfalls
aber gelang es ihm vorläufig nicht, den Widerstand der
Collegiatstifte und Klöster zu brechen.

Am 17. März erst erfolgte die Antwort [2]) des Herzogs
auf das Schreiben des Kaisers vom 23. November 1591.
Neue Gründe brachte auch er im Wesentlichen nicht vor,
auch hier erschien wieder mit alter Kühnheit die Behauptung, dass die Reformation des Stifts keine Neuerung sei
und dem Religionsfrieden nicht zuwider laufe. Die Recht-
mässigkeit seiner Postulation hob er nochmals ausdrücklich
hervor und fügte schliesslich hinzu, dass er sich nicht verpflichtet halte und auch nicht im Stande sei, die Verordnungen wegen der Religion rückgängig zu machen. Der
Kaiser möge damit zufrieden sein und ihn in dieser Sache
nicht weiter behelligen. Drei Tage später ging das Schreiben
zusammen mit dem des Domcapitels nach Prag ab.

Inzwischen aber hatte nun auch endlich die Curie in die

---

1) Hochst. Halberst. 632a fol. 164/165. Copie.
2) Hochst. Halberst. 632a fol. 81/82 Copie.

Halberstädter Reformationsangelegenheit eingegriffen. Seit
dem 20. Januar 1592 sass Clemens VIII auf dem Stuhl
Petri, berufen und geeignet das Restaurationswerk fortzusetzen.
Schon einen Monat nach seiner Wahl — am 22. Februar —
sandte er an den Kaiser, an den Herzog von Bayern, an die Erzbischöfe von Mainz, Trier, Köln in dieser Angelegenheit
Briefe [1]). In dem Schreiben an Wolfgang von Mainz klagte
er über dessen Lässigkeit, wunderte sich, dass jener als
Metropolitan von Halberstadt gegen die dortige Reformation
noch nicht eingeschritten sei, und forderte ihn auf, nunmehr
energisch alles zu thun, um den Fortgang derselben zu
hemmen. Der Kaiser und Wilhelm von Bayern sowie die
beiden andern Erzbischöfe wurden mit Hinweis auf die Uebelstände und die Lässigkeit des Mainzer Erzbischofs zu thä-
tiger Beihülfe aufgefordert.

Wir sind nicht im Stande zu verfolgen, welchen Eindruck diese Schreiben machten und ob sie auf den Gang
den Halberstädter Reformation irgend welchen Einfluss übten.
Auf den Mainzer war überhaupt kein Verlass und seine Politik im Reiche zu bekannt, als dass Schritte von ihm den
Herzog hätten schrecken können. Ausser einer heimlichen
Botschaft, die er kurz nach der Reformation nach Halberstadt schickte, um sich über den Stand der Dinge zu unterrichten, lassen sich von dem Erzbischofe Schritte in dieser
Angelegenheit nicht nachweisen. Bayern [2]) versuchte zwar, Churfürst Wolfgang aus seiner schlaffen Haltung zu einem energischen Vorgehen zu bewegen, jedoch ohne irgend Erfolg zu
erzielen. Der Kaiser endlich wartete damals wohl die Antworten des Domcapitels und des Herzogs ab; als diese dann
endlich Ende März eintrafen, zeigte ihm die entschiedene
wenn auch ' gemässigte Sprache derselben, dass er durch
schriftliche Befehle doch nichts erreichen würde. Weiterzugehen
verbot ihm aber die politische Klugheit, denn immer stärker

---

1) Hochst. Halberst. 632 a fol. 86/87. Copie.
2) Vgl. Stieve, Politik I 405 f.

war inzwischen die Türkengefahr geworden, ein Reichstag schien unabwendbar, und der Kaiser, der demselben ohnehin schon mit Sorge entgegensah, durfte nicht wagen, unmittelbar vor Berufung desselben sich das Haupt des niedersächsischen Kreises zu verfeinden. Alle diese Gründe mochten ihn bewegen, auf das Schreiben des Pabstes nicht weiter Rücksicht zu nehmen und eine fernere Einmischung in die Halberstädter Angelegenheiten zu unterlassen. Zur Sprache kamen dieselben erst wieder auf dem Regensburger Reichstage von 1594.

Bei Heinrich Julius selbst trat übrigens vorläufig der Gedanke an die Fortsetzung der Reformation zurück hinter die Ausführung eines Lieblingsplanes: die Sicherung der Nachfolge des Hauses Braunschweig-Wolfenbüttel in dem Bistum Halberstadt. Wir sahen [1]), wie schon in der Capitulation vom 30. Mai 1584 das Domcapitel dem Herzog versprochen hatte, bei etwaiger Neuwahl das Haus Braunschweig-Wolfenbüttel berücksichtigen zu wollen. Bis zum Jahre 1591 war Heinrich Julius ohne männliche Erben geblieben; in diesem Jahre wurde ihm ein Sohn, der spätere Herzog F r i e d r i c h U l r i c h , geboren. 1593 nun dachte Heinrich Julius daran, dem sehr allgemein gehaltenen und das Domcapitel durchaus nicht bindenden Versprechen von 1584 eine bestimmtere Richtung zu geben. Er ordnete zu diesem Zwecke eine Gesandtschaft an das Domcapitel ab[2]) mit dem Aufträge, dasselbe an das Versprechen von 1584 zu erinnern und hinzuzufügen, da des Herzogs Gemahlin ihm nunmehr einen Sohn geschenkt habe, sei es thunlich, dass das Capitel die Versicherung gebe, diesen, oder falls seine Gemahlin ihm noch andere Söhne schenke, einen derselben künftighin

---

1) Vgl S. 65 f.
2) Instruction H. J. an seinen Kammerrat Matth. Böttcher und seine Kammersecretäre Burkhart und Christoph v. Lippe zur Verhandlung mit dem Domcapitel. 1593 Febr. 11. St. A. M. Stift u. Fürstent. Halberst. II 325 fol. 68/70. Copie.

zum Bischof von Halberstadt „salvis statutis et consuetu-
dinibus" wählen zu wollen. Am 12. Februar fanden dann
die Verhandlungen mit dem Domcapitel statt; dieses bat
jedoch wegen der Wichtigkeit der Sache und der Abwesenheit einiger Domherrn um Aufschub, zugleich aber auch um
Geheimhaltung der Sache. Schon am 5. März erfolgte jedoch
die Antwort[1]) und zwar im Allgemeinen im Sinne der herzoglichen Forderungen. Ihre Zusage hinsichtlich der Wahl
eines Nachfolgers habe sich ja allerdings auf das ganze Haus
Braunschweig-Wolfenbüttel bezogen, da sich aber Heinrich
Julius stets gnädig und fürstlich gegen sie benommen habe,
auch zu erwarten stehe, dass er seinen Sohn gut und christlich erziehen werde, so seien sie gern bereit zu versprechen,
diesen oder wenn irgend ein anderer Sohn geboren würde,
denselben bei vorkommender Neuwahl — sei es durch Tod
oder Resignation des Herzogs — zu postulieren. Doch solle
er die jetzigen Capitulationen, Reverse und dgl. beibehalten,
sonderlich versprechen, das Stift nicht erblich machen zu
wollen, von demselben nichts zu veräussern, die Jurisdiction
des Capitels nicht zu schmälern, keine Constitution oder
Landesordnung ohne Wissen und Willen desselben zu publi-
cieren. Dieses Schreiben zeigte, dass man trotz der dem
Herzoge im Allgemeinen günstigen Stimmung durchaus nicht
gewillt war, seine Selbständigkeit ihm gegenüber aufzugeben,
und während die Zugeständnisse im Wesentlichen wohl dem
Wirken der evangelischen Partei zuzuschreiben sind, dürfen
wir zweifellos annehmen, dass die selbständige Haltung in
erster Linie von der katholischen Partei ausging, vor allen
von Matthias von Oppen, dessen Wirksamkeit sich ja hauptsächlich auf diesem Gebiete bemerkbar machte[2]), wenn auch
im Allgemeinen die evangelische Partei nicht gesonnen war,

---

1) St. A. M. II 325 fol. 71—75.

2) Vgl. O p e l , das Stift Halberstadt unter dem Bischof Heinrich
Julius von Braunschweig. Z e i t s c h r i f t f ü r p r e u s s i s c h e G e-
s c h i c h t e u n d L a n d e s k u n d e 1869 S. 385—406.

ihre Selbständigkeit, die sie ja nun allerdings schon mehrfach preisgegeben hatte, völlig aufzugeben.

Der Herzog war trotz der wesentlichen Zugeständnisse doch nicht völlig zufrieden mit der Antwort des Domcapitels; vor allem misfiel es ihm, dass auch für seinen Nachfolger die alten Capitulationen, die sich doch mit der Religionsänderung durchaus nicht vertrugen, bestehen bleiben sollten. Er verlangte daher, dass in dieser Beziehung ein besonderer Zusatz gemacht würde, durch den der Fortbestand des Reformationswerkes gesichert würde. Auch in anderen unwesentlichen Puncten hatte er Ausstellungen zu machen [1]). Das Capitel setzte allem diesen anscheinend keinen Widerstand entgegen, in der neuen Capitulation, die schon am 6. März zu Stande kam [2]), wurden alle jene Puncte einfach aufgenommen, der Zusatz wegen der Reformation mit den von Heinrich Julius verlangten Worten. Der rasche Erfolg verleitete den Herzog fünf Jahre später in dieser Angelegenheit einen Schritt weiter zu gehen. 1597 war ihm ein zweiter Sohn, Heinrich Julius nach dem Vater genannt, geboren, und er dachte jetzt daran, diesem das Bistum Halberstadt zu sichern, wohl in dem Gedanken, dass sonst sein ältester Sohn, dem er die Nachfolge in seinen Erblanden bestimmt hatte, in Nachahmung der That seines Vaters nach dessen Tode das Bistum an sich reissen würde. Ihm aber musste es darauf ankommen, auch seine jüngeren Söhne hinreichend zu versorgen. Am besten konnte dies geschehen, wenn man das Domcapitel zu einer in dieser Hinsicht bindenden Zusage zu bewegen vermochte. April 1598 knüpfte er daher mit dem Domcapitel durch seinen Kanzler T o b i a s P a u r m e i s t e r und seinen Kammersecretär G e o r g B u r k h a r t v o n d e r L i p p e Verhandlungen an [3]). Sie sollten

---

1) Diese Bemerkungen finden sich am Rande des Schriftstückes.
2) St. A. M. Stift u. Fürstent. Halberst. II 325 fol. 76—79. Copie.
3) Instruction H. J. an Kanzler und Secretär 1598 April 7. St. A. M. Stift u. Fürstent. Halberst. II 325 fol. 81—84. Copie.

gemäss der Instruction eine Revision der Capitulation von
1593 in dem Sinne beantragen, dass das Capitel sich ver-
pflichte, des Herzogs jüngsten Sohn gleichen Namens bei
vorkommender Neuwahl zu postulieren, oder falls dieser
sterbe von den hinterbleibenden Söhnen irgend einen, sei es
den ältesten oder jüngsten, zu postulieren. Ganz offenbar
hatte dieser letzte Zusatz nur den Zweck, des Herzogs Absicht zu verdecken oder zu mildern, oder auch den Abge-
sandten, falls sie die Unmöglichkeit sahen, den eigentlichen
Plan des Herzogs — das war ohne Zweifel die Wahl seines
jüngsten Sohnes — durchzusetzen, einen Rückzug zu ermög-
lichen. Wieviel ihm an der Erreichung dieses Planes lag,
zeigt der Umstand, dass er die Gesandten bevollmächtigte,
dem Capitel das Versprechen zu geben, dass der Herzog die
unter seiner Regierung entstandenen Schulden des Stiftes
aus braunschweigischen Mitteln abtragen wolle. Wir wissen
nicht, wie die Verhandlungen mit dem Domcapitel damals
verliefen, ob sich schon jetzt ein entschiedener Widerspruch
gegen die Wünsche des Herzogs erhob; die Reichsangelegen-
heiten, vor allem der spanische Einfall [1]) hinderten den
Herzog selbst für den Augenblick, die Angelegenheit weiter
zu verfolgen; dazu kam eine Seuche, die in Halberstadt
ausbrach und die Domherrn zerstreute [2]), so dass auch von
dieser Seite die Verhandlungen über diesen Punct sistiert
wurden. Erst im Juli des folgenden Jahres wurden dieselben
vom Herzog wieder aufgenommen. Durch die gleichen Gesandten liess er darauf dringen [3]), jetzt, nachdem die Hindernisse, welche sich den Verhandlungen in den Weg gestellt

---

1) Ueber den Anteil des Herzogs an denselben vgl. S t i e v e,
Politik II 437 ff.

2) Erlegen ist derselben wohl keiner der Domherrn. Vgl. die
Verzeichnisse derselben von 1593 und 1600 bei L e n t z, Diplomatische
Stifts- und Landeshistorie von Halberstadt S. 309 f.

3) Instruction H. J. 1599 Juli 11. St. A. M. Stift u. Fürstent.
Halberst. II 325 fol. 87/88. Copie.

hätten, beseitigt seien, doch möglichst bald den von ihm
gewünschten Entschluss zu fassen. Zugleich erhöhte er seine
Versprechungen. Fielen nämlich die Beschlüsse des Capitels
zu des Herzogs Zufriedenheit aus, so sollte das Capitel die
Anwartschaft auf den gräflich Reinsteinschen Heimfall [1]) und
den Hof Mulmke haben, die Pfandsumme von 22 000 Thalern,
die auf letzterem noch liege, wolle er baar erlegen. In der
That schien er durchaus keinen Zweifel zu hegen, dass er
seine Absicht erreichen werde, ja selbst als die Antwort des
Capitels über September hinaus ausblieb, machte ihn das
nicht wankend in seiner Ansicht. Allerdings drängte er damals [2]) das Capitel zu einer definitiven Antwort, sprach aber
noch seine Freude über die willfährige Gesinnung desselben
aus. In Wahrheit war jedoch die Stimmung im Domcapitel
eine völlig andere. Die katholische Partei in demselben, damals überhaupt schon wieder im Zunehmen begriffen [3]),
kämpfte diesmal mit Erfolg gegen die Absichten des Herzogs [4]). An ihrer Spitze stand wieder Matthias von Oppen.
Dieser verfasste zwei grosse Gutachten [5]) über diese Frage,
in denen er selbst vieles von dem, was 1593 zugestanden
war, rückgängig gemacht wissen wollte. Unter andern forderte er auch, dass der erst nach dem Tode des jetzigen
Bischofs zu Postulierende erst mit dem 21. Jahre — also

---

1) Am 4. Juli 1599 war Johann Ernst, der letzte Graf v. Reinstein
und Blankenburg gestorben. H. J. hatte darnach als Lehnsherr u.
Obervormund diese Besitzungen eingezogen. Vgl. R e h t m e y e r ,
Braunschweig-lüneb. Chronik S. 1119.

2) Schreiben des Herzogs an das Domcapitel. 1599 Sept. 17. St.
A. M. Stift u. Fürstent. Halberst. II 325 fol. 89. Copie.

3) Vgl. unten.

4) Ob auf den Gang der Verhandlungen der in Prag Ende 1596
auftauchende Plan, dem Erzherzog Leopold von Oestreich das Bistum
Halberstadt zu verschaffen, Einfluss geübt hat, ob man davon überhaupt in Halberstadt Kenntnis hatte, ist mir zweifelhaft. Der Kaiser
gab jedenfalls diesen Gedanken sehr bald auf. Vgl. hierüber S t i e v e ,
Politik I 406 Anm.

5) St. A. M. Stift u. Fürstent. Halberst. II 325. Copie.

genau nach den kanonischen Vorschriften — eingeführt
werden solle. Auch ein H. Schulenburg ¹) verfasste ein ähn-
liches Gutachten. Es wurden überhaupt, anscheinend von
der katholischen Partei, eine Reihe von Bedenken ²) erhoben,
vor allen Dingen auf die Gefahr der Säcularisation des Stiftes,
dann auf den Zorn des Kaisers u. a. hingewiesen. Auf der
andern Seite war man jedoch auch nicht gewillt, die Schen-
kungen des Herzogs sich entgehen zu lassen, und Matth.
v. Oppen mag aus diesem Grunde manche seiner Forderungen zurückgezogen haben. So kam man schliesslich zu
dem Beschlusse, bei den Bestimmungen von 1593 verharren
zu wollen. In diesem Sinne wurde auch die Resolution
abgefasst, welche man den Gesandten — dieselben waren
auf den 11. October entboten ³) — mitgab. Aus genannten
Gründen war dieselbe sehr höflich gehalten, man versprach,
den von Heinrich Julius' Söhnen der „zum bischöflichen

1) Wer derselbe war, weiss ich nicht näher zu bestimmen.
Schwerlich ist er identisch mit dem evangelischen J. J. G. v. Schulenburg, obwohl auch dieser für die Unabhängigkeit des Capitels durchaus
eintrat.

2) Diese finden sich, z. T. in eigentümlich drastischer, oft unklarer
Form auf einem Blatte St. A. M. Stift u. Fürstent. Halberst. II 325
fol. 91 nach dem Schreiben des Domcapitels vom 18. Sept. 1599. Sie
lauten ihrem Hauptinhalte nach: 1. Es läuft wider alles Recht zu ele-
gieren oder postulieren. [Soll wohl heissen: zu Lebzeiten des regierenden Bischofs]. 2. Der Sohn kann nicht dem Bischof im Episcopat
folgen, „puer infans virtutes vities qualitates umbe handt posteritet
obligieren. [Für diese rätselhaften Worte vermag ich keine Lösung
zu geben.] 3. Bei dem Kaiser, den Churfürsten und Ständen wird dies
sonderbar angesehen werden. 4. „nun Ih. F. G. den beren gefangen
thun und halten sie wess sie wollen." 5. Es ist nicht hergebracht,
also zu postulieren „alle hertzog von braunschweig ein Exempel also
practisiren" [Soll wohl heissen, dass wenn man diesmal nachgebe, in
Zukunft die Herzoge von Braunschweig es immer so machen würden.]
6. Das Stift darf nicht erblich werden, ein Coadjutor muss verboten
werden. Es scheint mir zweifellos, dass auch diese Bedenken von der
katholischen Partei herrühren.

3) Durch Schreiben des Domcapitels vom 19. Sept. St. A. M. Stift
u. Fürstent. Halberst. II 325 fol. 90. Copie.

Stande incliniert, rechte Lust dazu hat und genug qualificiert ist" wählen zu wollen. Im Uebrigen beschränkte man sich auf die Zusage von 1593, sprach aber die Hoffnung aus, dass der Herzog zufrieden sei und ihnen die versprochenen Wohlthaten zu Teil werden lasse. Schliesslich fügte man noch die Bestimmung hinzu, dass die Abfassung der Capitulation des zu Postulierenden bis zur Zeit der Postulation und Introduction verschoben werden solle. Offenbar wollte sich durch die letztere Bestimmung das Capitel für die Wahl völlig freie Hand halten. Dieser Beschluss bedeutete in der That eine völlige Niederlage des Herzogs in dieser Angelegenheit, zumal durch den Schlusssatz das Versprechen, welches man 1593 hinsichtlich der Capitulation gegeben hatte, eigentlich wertlos geworden war. Es beschränkten sich jetzt die Zugeständnisse des Domcapitels auf ein so geringes Mass, dass dadurch Garantien für die Zukunft keineswegs gegeben wurden. Heinrich Julius erkannte dies denn auch vollkommen. Zugleich war es ihm klar geworden, dass er seinen Plan bei der im Domcapitel herrschenden Stimmung, von der er vielleicht durch seine Gesandten dieses Mal besser unterrichtet wurde, nicht würde durchsetzen können. Er gab daher nach und suchte nur die ungünstige Bestimmung wegen der Capitulation rückgängig zu machen. Er hätte zwar gewünscht, heisst es in seinem Schreiben [1]), dass die Zusage der Postulation auf seinen jüngsten Sohn [2]) dirigiert wäre, doch wolle er sich auch mit dem Versprechen von 1593 begnügen. Dass Capitulation und Assecuration erst bei der Postulation abgefasst würden, sei zwar geistlichem Recht entsprechend, doch habe man diese Bestimmungen seither nicht mehr beachtet, das Capitel möge sich daher näher erklären, auf welche Puncte sich Capitulation und Assecuration beziehen sollten.

---

1) 1599 Oct. 16. St. A. M. Stift u. Fürstent. Halberst. II 325 fol. 102/103. Copie.

2) Das war damals schon Christian, der im September 1599 geboren war.

Hatte der Herzog wirklich gehofft, durch diesen äusserst schwachen Einwand das Domcapitel zur Zurücknahme seiner Bestimmungen zu bewegen, so sah er sich darin getäuscht; dieses blieb bei seinem einmaligen Ausspruch[1]). Der Herzog scheint danach die Versuche, bei seinen Lebzeiten das Stift Halberstadt für einen seiner Söhne zu sichern, aufgegeben zu haben; bekannt ist, dass nach seinem Tode das Bistum seinem Hause noch längere Zeit erhalten blieb.

Uebrigens war dieses nicht der einzige Fall, in dem Heinrich Julius erfahren musste, dass das Domcapitel nicht gesonnen war, seine Selbständigkeit ihm gegenüber aufzugeben. Gelegentlich eines Schreibens[2]) wegen Abstellung von Misbräuchen, die in den Collegiatkirchen und Klöstern wieder eingerissen waren, hatte der Herzog sich erboten, einige Junker und Räte zur Beihülfe zu den Verhandlungen zu schicken. Es war dies durchaus nichts Ungewöhnliches; wir sahen selbst[3]), wie an den Verhandlungen im Januar 1592 herzogliche Räte teilgenommen und in dieselben thätig eingegriffen hatten. Dieses Mal jedoch lehnte das Domcapitel diese Unterstützung ab unter dem Bemerken, es laufe den Bestimmungen zuwider, dass Lehnsleute oder beneficiarii des Stifts[4]) zu den Verhandlungen zugezogen würden; sie bäten daher, dieselben allein führen zu dürfen. In der That geschah dieses. Aus dem gleichen Selbständigkeitsstreben ging eine Ermahnung hervor, die das Domcapitel an den Herzog im Januar 1594[5]) richtete. Dieser hatte[6]) den Erlass einer Constitution betreffend Polizeisachen in Aussicht

---

1) Schreiben des Domcapitels an H. J. 1599 Nov. 20. St. A. M. Stift u. Fürstent. Halberst. II 325 fol. 104—106. Copie.

2) 1598 Dec. 29. Antwort des Domcapitels auf ein Schreiben des Herzogs v. 26. Dec. St. A. M. Hochst. Halberst. 632 a fol. 87. Concept.

3) Vgl. S. 105 f.

4) Damit waren wohl die Junker gemeint.

5) 1594 Jan. 5. St. A. M. Hochst. 632 a fol. 89/90. Copie.

6) In einem nicht erhaltenen Schreiben.

gestellt, und das Domcapitel erinnerte ihn nun daran, dass
dazu die Zustimmung desselben nötig sei. Der Herzog zeigte
sich auch hier willfährig. Wichtiger waren übrigens zwei
Beschlüsse, die das Domcapitel in dem Jahre 1593 in durchaus selbständiger Weise fasste. Der erste Beschluss [1]) bestimmte, dass Niemand, der eine rechtmässig übernommene
Präbende resigniere, eine andere erhalten könne, und zwei-
tens, dass Niemand, der verheiratet sei, ein Canonikat erhalten solle.

Der zweite Beschluss [2]) besagte, da nach Einführung der
Reformation die alten Canoniker sich beklagt hätten, dass
die neuen rascher zur insinuatio gelangen könnten, so sollten
zur Abstellung dieser Misstände auch die neuen Kanoniker
ein durch vier nobiles bezeugtes Document über ihr zurück-
gelegtes 20. Jahr und über ihre Bildung beibringen, auch
eine gewisse Geldsumme erlegen.

Beides waren für die Freiheit und Unabhängigkeit des
Domcapitels ausserordentlich wichtige Beschlüsse, besonders
durch den letzteren wurde Willkürlichkeiten in der Besetzung der Canonikate, die seit Einführung der Reformation
unter des Herzogs Mithülfe vorgekommen sein mochten [3]), in
Zukunft vorbeugt. Beide sind anscheinend ohne jeglichen
Widerstand, der letztere ohne des Herzogs Befragen zu
Stande gekommen. In der That muss die Haltung des sonst
so energischen und auf seine Gewalt eifersüchtig wachsamen
Heinrich Julius befremden. Wir sahen allerdings einmal, wie
ihn der Wunsch, die Nachfolge im Bistum Halberstadt zu
sichern, nachgiebiger machte, wir werden aber gewiss nicht

---

1) Gedruckt bei L ü n i g R. A. Spic. eccl. Contin. II Anhang S. 67.
No. 80 ohne Monatsdatum.

2) Bei L ü n i g R. A. a. gl. O. S. 68 No. 81.

3) Wahrscheinlich wird dies gemacht auch durch die Beschwerden
der kathol. Reichsstände 1594. Vgl. S t i e v e, Politik I 450. Hier heisst
es unter 5: In Halberstadt werden geistliche Pfründen an unfähige
Weltliche verliehen und das Capitel durch Drohungen gezwungen, dieselben anzunehmen.

irre gehen, wenn wir den Hauptgrund seiner damaligen Haltung in den Reichsverhältnissen und seiner Stellung zu denselben suchen.

Im Jahre 1593 hatte Kaiser Rudolph II nach langem Schwanken, nur getrieben durch die äusserste Not, den Reichstag für 1594 berufen [1]). Zweck desselben sollte vor allen Bewilligung der Türkenhülfe sein. Wollte man dieselbe aber in der erforderlichen Höhe erreichen, so war vor allen Dingen notwendig, dass der Ausbruch der Zwistigkeiten zwischen den beiden Religionsparteien verhütet wurde. Zumal in der Administratorenfrage standen solche zu erwarten. Der Kaiser suchte dieses nun zu vermeiden [2]), indem er von den sieben Bistümern, die in evangelischen Händen ruhten, nur die Capitel und nicht die Administratoren zu dem Reichstage einlud. Bei den Protestanten musste dieses Verfahren schwere Bedenken erregen und zum Widerstande herausfordern. Freilich fehlte der evangelischen Partei zu gemeinsamen Vorgehen die nötige Einigkeit, und so protestierten denn vorläufig nur Johann Adolph von Holstein-Gottorp als Administrator von Lübeck und Joachim Friedrich für Magdeburg gegen dieses Verfahren. Aber auch Heinrich Julius war nicht gesonnen sich zu fügen. Natürlich konnte er nur im Einvernehmen mit seinem Stift handeln, zumal sich für ihn noch von mehreren Seiten — so in der Walkenrieder und Hohensteiner Angelegenheit [3]) — Schwierigkeiten bei dem bevorstehenden Reichstage zu erheben drohten. Daher resultiert die Nachgiebigkeit des Herzogs seinem Capitel gegenüber wohl zum grossen Teil aus dem Bestreben, sich mit demselben in gutes Einvernehmen zu setzen. Dies scheint in der That bald erreicht zu sein. Freilich fielen dann doch die Unternehmungen und Versuche der Admini-

---

1) Vgl. S t i e v e, Politik I 139 ff.
2) Vgl. S t i e v e, Politik I 200 ff.
3) Vgl. H ä b e r l i n R. H. XVIII 149 ff. Die Grafen von Schwarzburg und die zu Stolberg erhoben Ansprüche auf diese Gebiete.

stratoren auf dem Reichstage 1594 kläglich aus, vor allem wieder in Folge der Haltlosigkeit der protestantischen Partei. Nur Magdeburg und Halberstadt machten einen ernstlichen Versuch ihre Session einzunehmen, doch blieben diese Versuche, die für den Augenblick viel Staub aufwirbelten, schliesslich resultatlos.

Nicht viel mehr hatte die Einreichung der Beschwerden der protestantischen Stände, die auch Heinrich Julius als Bischof von Halberstadt unterschrieb[1]), zu bedeuten.

Von grösserer Wichtigkeit waren dagegen die von den Katholiken am 30. Juli eingereichten Gegenbeschwerden[2]). Zumal für Heinrich Julius. Denn unter den evangelischen Stiftsadministratoren wurde vor allen auch er mit Nachdruck angegriffen. Wieder tauchte hier die Anklage auf, dass das Stift erblich gemacht werden solle: scharf und nachdrücklich wurde gegen die von dem Herzog angestellte Reformation protestiert: die Behauptung des Herzogs, dass die Klöster und Unterthanen bei ihrem alten Glauben gelassen würden, für unrichtig erklärt. Es ist nicht unwahrscheinlich, dass die Sprache gegen Halberstadt deswegen so scharf gehalten war, weil kurz vorher (13. Juli) der braunschweigische Kanzler Jagemann in schroffer Weise den Versuch gemacht hatte, die Session für Halberstadt einzunehmen.

Heinrich Julius erkannte die Bedeutung dieses Angriffes wohl und suchte sich sofort gegen die Folgen, welche derselbe für ihn haben konnte, zu schützen[3]). Er hoffte sich dabei auf den niedersächsischen Kreis stützen zu können. Hauptsächlich auf seine Anregung verlangte derselbe schon 1595 dann wieder 1596 die Berufung eines neuen Reichstages, auf dem vor allem auch die Administratorenfrage zu regeln sei.

---

1) Vgl. Häberlin R. H. XVIII 499.

2) Vgl. Stieve, Politik I 456.

3) Vgl. Stieve, Vorbereitungen des niedersächsischen Kreises für den Reichstag 1598. (Münchener Sitzungsberichte. Philos.-hist. Klasse. 1881. II S. 481 ff.

Aber erst nachdem der Kaiser 1597 einen neuen Reichstag einberufen hatte, wurde zu Aschersleben von dem Ausschusse des niedersächsischen Kreises über eine Erwiderung der katholischen Beschwerden verhandelt. Hauptsächlich war auch hier wieder Heinrich Julius thätig. Seine Räte verfassten ein grosses Gutachten, welches sich vor allem gegen die Heinrich Julius zur Last gelegten Behauptungen richtete. Die Calvinisten werden hier als zur augsburgischen Confesssion gehörig anerkannt und dies mit Beispielen aus der Kirchengeschichte belegt. Dann wird die päbstliche Politik auf das schärfste getadelt, die Zumutung, die reformierten Stifte wieder unter katholische Gewalt zu stellen, als unmöglich zurückgewiesen und dabei die Behauptung aufgestellt, sie seien bei ihren „gütern, election, administration, digniteten und freiheiten ohne prophanation" gelassen. Der geistliche Vorbehalt wird dann, weil er kein „gemeiner beschluss" sei, für ungültig erklärt. Speciell wird hiernach auf Halberstadt eingegangen und der Versuch gemacht, die katholischen Beschwerden als grundlos hinzustellen. Vor allen Dingen wird bestritten, dass Heinrich Julius das Stift habe erblich machen wollen, dass er den weltlichen Unterthanen „päbstlicher Confession" Ausübung des Sacraments untersagt habe, dass das Capitel Klöster eingezogen und deren Einkünfte für sich verwendet habe. Auf der andern Seite wird erklärt, man könne es dem Herzoge nicht verdenken, wenn er sein jus conferendi wahre und Widersetzlichkeiten mit Geld- und andern Strafen ahnde.

Wie dieses Gutachten von den Ständen des niedersächsischen Kreises aufgenommen wurde, ist nicht bekannt, wir wissen nur, dass der Herzog Ulrich v. Mecklenburg-Gustrow seine Genehmigung verweigerte.

Auf dem Reichstage von 1598 verliefen die Versuche wegen Einnahme der Session dann noch kläglicher als 1594. Mit Joachim Friedrich führte Heinrich Julius über diese Angelegenheit vor der Eröffnung des Reichstages allerdings

Unterhandlungen [1]), in denen er sehr energisch an seinen Rechten festhalten zu wollen betonte. Als dann aber schliesslich Joachim Friedrich sich vom Kaiser zu völligem Nachgeben bewegen liess, machte auch er keine ernstlichen Versuche, seine Session einzunehmen, obwohl er seinem Domcapitel, das ihm die Einladung des Kaisers zugeschickt und zweimal hatte ermahnen lassen, seine und des Capitels Rechte zu wahren, in dieser Beziehung beruhigende Versicherungen gegeben hatte [2]). Er begnügte sich mit der Verlesung eines Protestes, um wenigstens der Form nach seinen Versprechungen gegenüber dem Domcapitel zu genügen.

V.

Inzwischen hatte Heinrich Julius aber schon seit längerer Zeit sein Augenmerk wieder auf die Fortführung der Reformation gerichtet. In der That war ein energisches Eingreifen durchaus notwendig, denn schon seit mehreren Jahren hatten sich Abweichungen von der neuen Lehre bemerkbar gemacht. Vor allen waren daran wieder die Collegiatstifte und Klöster beteiligt [3]). Schon December 1593 sah der Herzog sich ver-

---

1) Vgl. H ä b e r l i n R. H. XXI 80 ff. 136 ff.

2) Schreiben des Domcapitels an H. J. 1597 Oct. 13. Antwort des braunschw. Kanzlers 1597 Dec. 3. St. A. H. Auswärtiges Halberstadt 14 a.

3) Ueber den Stand der Bekenntnisse in den Stiftskirchen im Jahre 1593 gibt uns ein Schreiben Metternichs an Herzog Wilhelm V v. Bayern Auskunft (bei S t i e v e , Politik I 405/406). Hier werden angeführt: Canonici cathedralis: 7 lutherisch, 1 calvinist., 4 katholisch. Canonici juniores nondum capitulares: 5 katholische. Vicarii residentes in cathedrali: majores 7, minores 17, alle katholisch. Canonici in summo templo in capella. B. M. V. in ambitu cathedralis ecclesia [?] 5 katholische. Canonici B. M. V. 11 katholisch, 2 suspecti, 3 lutherisch, 2 calvinisch. Canonici St. Bonifacii 9 katholische, St. Pauli 8 katholische. Alle Klöster gut katholisch. Danach stellt sich das Verhältnis für den Protestantismus sehr ungünstig. Doch dürfen wir die Angaben, wenn wir sie mit den folgenden Ereignissen zusammenhalten, für ziemlich genau ansehen.

anlasst gegen dieselben einzuschreiten. Wie wir sahen[1]),
wies damals das Domcapitel des Herzogs Einmischung zurück und führte im Januar 1594 die Verhandlungen mit der
Union selbständig. Die Vertreter derselben gestanden nun
zwar zu[2]), die Reformation angenommen zu haben, leugneten
auch, dass sie noch bei der öffentlichen Ausübung der katholischen Religion und der Messe verharrten, erinnerten
jedoch an des Herzogs Zusicherung, Niemand gegen sein
Gewissen zwingen und desshalb seines beneficium berauben
zu wollen. Sie baten daher, soweit sie in der katholischen
Religion erzogen seien, bei derselben bleiben zu dürfen, ver-
sicherten auch, dass sie nur an den Orten und in den Klöstern, in denen die Reformation noch nicht angenommen sei,
communiciert hätten und baten endlich, dass ihnen dieses auch
in Zukunft erlaubt bleiben möge. Das war eine Sprache
wie sie nicht kühner unter dem Einflusse des kaiserlichen
Schreibens geführt worden war : diesmal erfolgte anscheinend
nichts darauf. Das Domcapitel begnügte sich damit, die
Verhandlungen dem Herzoge mitzuteilen. Ob dieser irgend-
wie Schritte that, ist unbekannt: die politischen Verhältnisse
hielten ihn vielleicht auch hiervon ab. Zeigte schon hier
das Domcapitel wenig Energie für die evangelische Sache,
so traten bei einer andern Angelegenheit deutlich katholische
Sympathien hervor. Im Mai 1594 berichtete nämlich ein
Magister Daniel[3]) an das Domcapitel, es sei der Vicar
Helmerding nach katholischem Ritus begraben, sein (des
Magisters Amt) suche man ihm auf jede Weise einzu-
schränken, so dass er in die ihm anvertraute Kirche[4]) nicht

---

1) Vgl. S. 116 f.

2) Bericht des Domcapitels an H. J. 1594 Jan. 5. Hochst. Halberstadt 632 a. Concept oder Copie.

3) Schreiben des Magisters Daniel an das Domcapitel 1594 Mai 15.
Hochst. Halberst. 632a fol. 95/96. Copie. Die beiden andern Schreiben
in dieser Angelegenheit befinden sich a. gl. O. auf zwei losen Blättern
und sind undatiert, gehören aber jedenfalls in dieselbe Zeit.

4) Welche Kirche dies war, weiss ich nicht zu sagen, auch den
Namen des Magisters vermag ich nicht weiter nachzuweisen.

habe kommen können. Hatte er gehofft, dass das Domcapitel gegen die Misstände einschreiten und ihm zu seinem
Rechte verhelfen würde, so täuschte er sich vollkommen.
Er erhielt nämlich die Antwort, man habe nicht gehört, dass das betreffende Begräbnis unter katholischen
Ceremonien geschehen sei. Von einem Protest riet man
ihm dringend ab, auch auf der Kanzel solle er nicht darüber
losziehen, die „doctrinalia" der Evangelien solle er abgeben,
die „personalia" aber ganz einstellen: denn er müsse bedenken, dass „die eingewilligte reformation noch gar neu und
nicht grosse radices erlangt" und dass man mit einem heftigen Einschreiten mehr zerstöre als aufbaue. Das bedeutete
mit nackten Worten der katholischen Lehre freien Lauf lassen.
Der Magister Daniel liess sich zwar nicht einschüchtern: er
erklärte, sein Gewissen verbiete ihm, auf der Kanzel gänzlich
zu schweigen, doch wolle er sich mässigen; im Uebrigen
hoffe er, dass das Domcapitel die päbstlichen Ceremonien
nicht billige. Ueber weitere Verhandlungen in dieser Angelegenheit ist nichts bekannt; jedenfalls aber hatte das Domcapitel eine gefährliche Hinneigung zur alten Lehre bewiesen.
Von einer Einmischung des Herzogs verlautet auch hier
nichts. Im Domcapitel jedoch erstarkte die katholische
Partei immer mehr, sei es nun in Folge der Haltung des
Herzogs oder in Folge der in Deutschland immer weiter um
sich greifenden Restauration, die in dieser Zeit ja auch in
Niederdeutschland bedeutende Erfolge zu verzeichnen hatte.
Es blieb seit jener Zeit die katholische Partei überhaupt im
Uebergewicht, selbst als Heinrich Julius wieder energischer
in den Gang der Reformation eingriff. Dieses geschah zuerst
im September 1596. Bei einer Durchreise durch Hamerschleben hatte er bemerkt, dass dort noch Messe gehalten würde,
und forderte nun von dem Domcapitel [1]), dass es den Pater
zur Abstellung derselben ermahne. Das Capitel aber er-

---

1) Verhandlungen der Bevollmächtigten des Herzogs mit dem Domcapitel 1596 Sept. 24. Hochst. Halberst. 632a fol. 99/100.

selben scharfe Strafen an Leib und Leben wegen gröberen
Ehebruchs und Blutschande; Andere werden mit Landesverweisung, Stäupung, Pranger und öffentlicher Entehrung bestraft. Besonders war das unzüchtige Leben auf
den herzoglichen Domainen bemerkt worden; der Bischof
verbot daher strengstens das Halten von Concubinen und
drohte den Zuwiderhandelnden und Kupplern mit zeitweiliger
oder ewiger Landesverweisung und öffentlicher Entehrung.
Trotz aller dieser Mahnungen aber blieben besonders
die Mitglieder der Collegiatstifte bei ihrem zügellosen Leben.
1594 musste wiederum das Domcapitel ihnen im Namen des
Herzogs deswegen einen sehr scharfen Tadel zukommen
lassen [1]). Es würde zu weit führen die fruchtlosen Bemühungen des Herzogs in dieser Beziehung bis ins Einzelne
zu verfolgen [2]), auch ist es ein unerquickliches Bild, das sich
uns dabei entrollt. Der Herzog mahnt, droht mit scharfen
Strafen, setzt Termine; das Domcapitel verspricht eben so
oft Befolgung der herzoglichen Befehle und lässt schliesslich
doch alles den alten Gang gehen. So überdauerten diese
Zustände auch die Regierung des Herzogs Heinrich Julius [3]),
obwohl ihn in den Bemühungen zur Hebung der Sittlichkeit
auch eifrige Katholiken unterstützten, so vor allem Matthias
von Oppen [4]).

Mit dem Ende der neunziger Jahre hörte im Allgemeinen der Einfluss des Herzogs auf die religiösen Verhältnisse des Stifts immer mehr auf; seine Thätigkeit galt in
jener Zeit mehr dem Reiche und seinen Erblanden. In letzteren beschäftigte ihn vor allen Dingen der Streit mit der

---

1) Bericht des Domcapitels an H. J. 1594 Jan. 5. Hochst. Halberst. 632a fol. 89/90. Copie.

2) Hochst. Halberst. 632a befinden sich zahlreiche Schreiben bis
zum Jahre 1602 in dieser Angelegenheit.

3) Vgl. Chron. Halberst. S. 434. Auch Hochst. Halberst. 632a hat
aus den Jahren 1619 und 1629 einige Nachträge, welche dieses bestätigen.

4) Vgl. Opel, Das Stift Halberstadt unter Bischof H. J.

Stadt Braunschweig. Im Reiche war er eine Zeit lang der eifrigste Förderer des protestantischen Unionswerkes, und als er sich schliesslich voll Unmut von seiner Partei abwandte, fand er gar bald ein neues bedeutsameres Feld der Thätigkeit am Prager Hof in der Umgebung des Kaisers, dessen vertrauter Rater und Helfer er wurde. Besonders dieser letztere Umstand liess die evangelischen Interessen bei ihm mehr in den Hintergrund treten.

In Halberstadt erstarkte unter diesen Umständen die katholische Partei immer mehr. Es zeigte sich dieses vor allem in der wachsenden Selbständigkeit des Domcapitels. Wir sahen [1]), wie sich dieselbe 1599 bei den Verhandlungen über die Nachfolge im Stift in hohem Grade zeigte. In demselben Jahre weigerte sich das Domcapitel [2]), die dem Herzog für die im westphälischen Kreise befindlichen Kriegsleute von den Prälaten, der Ritterschaft und den Städten bewilligte Geldhülfe zu zahlen, da dieses gegen die Freiheiten des Stifts verstosse; zugleich forderte es ihn auf, ihm in Zukunft die Instructionen für die Kreistage vorher zuzusenden. 1605 machte das Domcapitel auf eigne Hand einen Vergleich wegen Verteilung der Einkünfte von Schloss und Amt Schneidlingen [3]) und setzte zugleich fest, dass Dechant und Senior des Stifts nicht mehr Räte des Herzogs sein sollten. Offenbar wollte man durch letzteren Beschluss das Domcapitel der directen Beeinflussung durch den Herzog noch mehr entziehen. Von noch grösserer Tragweite war, dass im gleichen Jahre nach dem Tode des Domdechanten Caspar v. Cannenberg Matthias v. Oppen, dessen Eifer für den Katholicismus bekannt war, zu dessen Nachfolger erwählt wurde, obwohl Heinrich Julius in einem eigenen Schreiben [4]) das Domcapitel ermahnt hatte, einen evangelischen Dechanten

---

1) Vgl. S. 112 ff.

2) Schreiben des Domcapitels an H. J. 1599 Januar 17. Hochst. Halberst. 632a fol. 182/183. Concept.

3) Vgl. Häberlin R. H. XXII 371.

4) 1605 Jan. 24. St. A. H. Stiftssachen Halberst. No. 115. Copie.

zu wählen, damit das Reformationswerk nicht gehindert
werde, und obwohl er nach vollzogener Wahl dagegen pro-
testierte, dass dieselbe in dem Wahldocument als „sub in-
dictione et regimine pontificis" geschehen bezeichnet wurde.
Von da an nahmen Oppens Bemühungen um Wiederher-
stellung des Katholicismus immer mehr zu[1]); er verhalf Katholiken zu Pfründen und trat überall so entschieden in katholischem Sinne auf, dass zeitweilig das Gerücht auftauchte,
er wolle dem Stifte einen katholischen Nachfolger geben.
Wohl unter seinem Einflusse wurde dann auch in jenen
Jahren der Zusatz zu dem Religionseide, der 1591 durch
Heinrich Julius bestimmt war[2]), wieder aufgehoben und
damit eigentlich der Beginn der Restauration proclamiert.
Dagegen protestierten nun allerdings die evangelischen Dom-
herren, neun an der Zahl[3]); sie wandten sich deswegen zu
wiederholten Malen an Heinrich Julius; dieser aber tadelte
das Vorgehen und cassierte einen dem Katholischen entgegen-
gesetzten Beschluss der Evangelischen[4]), wie er schrieb, weil
sonst Cassation durch den Kaiser erfolgt sein würde. In
Wahrheit scheinen die evangelischen Capitularen damals aber
doch das Eindringen weiterer Katholiken verhindert zu haben,
Urban Westphal und Anselm Casimir Wamboldt
wurden von ihnen zurückgewiesen, erwirkten aber vom Kaiser

---

1) Vgl. darüber die beiden Aufsätze von Opel.

2) Dasselbe lautete nach dem Schreiben des Herzog Friedrich
Ulrich vom 4. Sept. 1616 (s. unten): quodque ex animo complector
veram ac orthodoxam religionis doctrinam, comprehensam in scriptis
propheticis et apostolicis ac summatim repetitam in Augustana con-
fessione, et abhorream ab omnibus fanaticis opinionibus ac erroribus,
nec pro mea parte permittam vel procurabo, uteorum exercitium publi-
cum in hac ecclesia restauretur vel introducetur."

3) Die Namen bei Opel, Kampf des Protestantismus etc. In dem
Protest von 1616 (s. unten) fehlen E. v. Arnstedt u. A. v. Rindorf und
es erscheinen statt ihrer Joachim v. Troschkau und Hennig v. Sternberg.

4) Vgl. Opel a. a. O. Häberlin R. H. XXIII 688 irrt also, wenn
er sagt, dass der Beschluss der evangelischen Domherrn auf Anraten
des Bischofs erfolgt sei. Abel, Stifts-ect. Chronik von Halberstadt
S. 513 hat dagegen den richtigen Sachverhalt.

Matthias ein Mandat, nach welchem sie zur Residenz zugelassen, auch der Religionseid definitiv aufgehoben werden
sollte. Die evangelischen Domherrn fügten sich damals
allerdings nicht sofort, sondern wandten sich an Herzog
Friedrich Ulrich [1]) um Hülfe, und dieser versprach auch [2])
den neuen Bischof zu bewegen, in diesem Sinne zu handeln.
Die Angelegenheit zog sich dann bis in die Zeiten des
dreissigjährigen Krieges hinein; noch 1623 musste der kaiserliche Kanzler die Capitularen mahnen, einem 1617 erlasse-
nen mandatum sine clausula wegen dieser Angelegenheit Folge
zu leisten [3]).

Zu der Zeit des grossen Religionskrieges hatte dann
das Stift Halberstadt namentlich in Folge der Stellung seines
Bischofs Christian mannigfache Schicksale zu erleiden;
unter dem Bischof Leopold Wilhelm [4]) aus dem Hause Oestreich drohte die völlige Vernichtung des Protestantismus
besonders unter dem Einflusse der Jesuiten [5]).

Bekannt ist, wie durch den Westphälischen Frieden das
Stift Halberstadt als weltliches Fürstentum an Churbranden-
burg fiel und dadurch dem Protestantismus dauernd erhalten
wurde.

---

1) Heinrich Julius war im Juli 1613 zu Prag gestorben.
2) Schreiben F. U. an die evangelischen Capitularen von Halberstadt 1616 Sept. 4. St. A. H. Calenb. Brief Archiv No. 14a Copie.
In demselben sind die Vorgänge zu Halberstadt ausführlich recapituliert.
Das Schreiben der Capitularen selbst fehlt.
3) St. A. II. Calenb. Brief Archiv No. 14a.
4) Vgl. Ranke, Päbste. 6. Aufl. II 337.
5) Vgl. hierüber, wie überhaupt über die Schicksale des Stifts im
30jähr. Kriege. Chron Halberst. S. 444 ff.